感じるスコラ哲学

存在と神を味わった中世

山内志朗

慶應義塾大学出版会

感じるスコラ哲学——存在と神を味わった中世　目次

前書き――スコラ哲学の感覚

中世哲学とは何なのでしょうか。私は、三〇年以上中世哲学に入り込んだままなのですが、これで分かったという感じを持ったことがありません。私自身、分からないからこそ知りたいと思い、そこに踏み込み、分からないまま迷いつづけています。人生の残りも長くはないのに、人生の大半を中世のスコラ哲学に費やしてしまいました。戻ることもできません。無駄に人生を過ごしてしまったのかと言えば、そうとも思いません。ほんの一歩を進むために人生を費やした人間がいても、それも学問の姿だと思います。

ともかくも、中世哲学は分かりにくいものです。それは日本からほど遠い西洋のものですし、時代的にも七〇〇年ほど前の思想です。日本でいえば鎌倉時代のものですから、現代人になじみやすいものとも思えません。そして、何よりもキリスト教を背景とした、いやキリスト教の内部の思想なのです。

私はキリスト教という門のそばにずっと立ちつづけてきました。その門に入ったことはありません。キリスト教の理解のために人生を費やしてしまったのは私の本意ではなかったのです。

彼は門を通る人ではなかった。また門を通らないで済む人でもなかった。要するに、彼は門の下に立ち竦《すく》んで、日の暮れるのを待つべき不幸な人であった。

（夏目漱石『門』）

これは私の姿です。私もまた日が暮れる前に門を立ち去ればよかったのではないでしょうか。私もときどき、そう思わずにはいられないのです。

彼自身は長く門外に佇立《たたず》むべき運命をもって生れて来たものらしかった。それは是非もなかった。けれども、どうせ通れない門ならば、わざわざ其所《そこ》まで辿り付くのが矛盾であった。彼は後《うしろ》を顧みた。そうして到底また元の路《みち》へ引き返す勇気を有《も》たなかった。彼は前を眺めた。前には堅固な扉が何時《いつ》までも展望を遮《さえ》ぎっていた。

（同前）

門の外に佇む人宗助は、私の姿です。門に入ることも、門から離れ立ち去ることもできないのです。私にとって中世スコラ哲学とはそういうものです。「スコラ」とはキリスト教の神学校で、その生徒たちは呪文のようなラテン語と無味乾燥な勉強に囲まれていました。そういった勉強が体系化され、大学の教壇で大神学者によって講義されるようになりました。それが「スコラ哲学」というものです。日本で言えば、一生を大蔵経に囲まれ、読みつづける重苦しい生活と考えればよいでしょう。スコラ哲学とは、没薬《もつやく》のようにとても苦い味のするものなのです。「苦い」スコラ哲学を毎日味わいながら、私は日が暮れるのを待つしかない年齢になってしまいました。

私も「不幸な人」なのでしょうか。いや、私は自分を「不幸な人」の一人だとは思っていません。自分は門を通ることなくとも、他の人々が門を通るのを眺める立場もありうると思います。私も中世哲学の門前で立ち尽くす運命を持って生まれたらしいのです。

自分がその門を通るかどうかということは、人生において最も重要なことなのでしょうか。きっとそうかもしれません。自分が救われることが自分にとって、いや世界にとって最重要事であるというのであれば、早く門を通るべきです。しかしながら、世界にとって私は不可欠なのでしょうか。いや自分の救済を願うというのは、他の人が救われなくても自分は救われるということを含意していないのでしょうか。私が存在しなくても、世界は何の支障もなく進んでいきます。世界で唯一の私というのは、単なる幻想、迷いだと私は思っています。自己意識は唯一だと思っていますが、大海にとっての一つの波でしかありません。一つの波は海にとって不可欠ではないでしょう。

そのキリスト教の門を通ってしまえば、波である境遇を捨てることであり、迷いもなくなるでしょうし、おそらくスコラ神学を研究する必要もなくなるでしょう。門を通ってしまえば、自由と恩寵の関係を研究する必要はないでしょう。門の先には喜びがあり、門の手前には苦しみがあります。門を通れば、スコラ哲学を苦しみと感じる必要はなくなるのです。

いや、しかしながら中世から近世にかけての神学者は、人々が徒労の巨塊と嘲る神学の浩瀚たる教科書をなぜ虚無への供物のごとく書きつづけたのでしょうか。彼らもまた門の下に佇む人ではなかったのでしょうか。少なくとも、哲学的、神学的に語ることは、門の外にいる人を門の中に招き入れることであるとすれば、内部にとどまる人の視点からではなく、門の下に佇む人の視点から語らねばならないはずです。門の外部からも、門の内部からも、門は描くことができず、門は門の下に佇みながら、記述するしかないものだと思います。

人間の救済、成仏は、人間の方の修行と努力によって実現できるものなのか、それとも、神仏の恵み（恩寵・恩恵）や慈悲を発条《ばね》として始まるしかないのでしょうか、それを考える場合、どちらか一方に偏すれば、たちどころに誤謬に陥るのははっきりしています。

キリスト教でいえば、協働的恩寵の話になります。予定調和、機会原因など、哲学でもほぼ同じ事態がさまざまに語られます。全知全能なる神が総てを仕切りながらも、人間もまた自発的に働いているのです。この問題は、私の考えでは、一四世紀以降、唯名論と神秘主義の中で特に語られてきたと思います。

神秘主義の流れの中では、人間から最も離れたもの、超越者が、人間の最も内奥から現れてくるイメージとして語られます。これは、アリストテレス的な実体論や内属主義とは違った枠組みに立っています。内部と外部に分ける発想とも違うところに立っています。

神即人間といった論点は、キリスト教、イスラム教、仏教、修験道いたるところにあります。そういった諸宗教を概観しようというのではありません。あくまで、中世のスコラ哲学に話題を限定しましょう。

最も遠いものが内部に湧出すること、内部と外部が反転し、クラインの壺のような事態になっていることがここには見て取れます。これは「相互浸透」として、ギリシア語ではペリコーレーシス、ラテン語ではチルクムインチェッシオ（circumincessio）などと呼ばれてきました。聖書では、子は父の内にあり、父は子の内にあることとして記されています。これを合理的に説明しようとすると、大変になってしまいますが、それは特殊な宗教的儀式を通してのみ得られるものではないと思います。仏教にもインド哲学にも、同じように神と人間が重なることは中心的なものとして描かれます。決してありえないことが平明な事態として描かれます。ところが、特別な高価な儀式を通してでなければそこには至れないと説く者は、カルト宗教への導き手です。普遍的救済を目指す宗教がそのような秘儀性で武装するはずがありません。救済に金銭は不要なのですから。

「感じること」、あまりにも身近で、中世であれ現代であれ、東洋であれ西洋であれ、共通する次元は、普遍性の次元です。イエスの感じていた痛みと、中世人が感じていた痛みと、現代人が感じている痛みは、同じではないでしょうか。痛みや感覚の次元に宿る普遍性、共通性は、無媒介的であり、ありのままのむき出しの次元であり、そのままで中世のスコラ哲学の真相が込められるとは言えないとしても、そこに向かう心性にはどうしても、中世スコラ哲学の呼びかけを聞かずにはいられないのです。

近世の神学者マルブランシュ（一六三八～一七一五年）は、「感覚の恩寵」という考えを述べました。

それは快楽主義の現れではなく、感覚を通すのでなければ、外部からであれ内部からであれ自己の内なる根底からであれ、心に入り込むことはありませんし、そして心に定着することもないのです。感じることはとても難しいことです。私はそう思います。砂糖の甘さが感じられるときも無限の距離が飛び越えられているように思うのです。感じるとは、何もない平原に一条の光が天から差し込むことに似ています。

当たり前の小さなことを一歩で跨いでしまうこともできます。その程度のものかもしれませんが、しかし同時に、感覚とはハビトゥス（「習慣、習態」とも訳されます。第五章参照）への前奏曲なのです。感じることは、小さな声で呼びかけます。感覚は、快楽、悦楽、官能への入口として、非難の眼差しを向けられてきました。官能のために堕落し没落していった者はいつの時代にも数え切れません。人間の精神をそれだけ虜にするものはとても危険なものです。しかし、危険の住まうところに救う力が育つのであれば、没落への機縁であると同時に救済する力を宿してはいないのでしょうか。高貴なものが身をやつして、卑しい姿で現れるものであれば、感覚に崇高なものが宿っていないことはありえないはずです。

★

なぜキリストは肉体を持つような仕方でこの世に現れねばならなかったのでしょうか。なぜ十字架で苦しむ必要があったのだろうか。人間としての現れであって、わざわざ人間としての肉体を持つ必要はなかったのではないか。

概念は現実化することがなくても成り立っています。命題が真理としてなりたつために、充足する個体や事例が存在しなくても構いません。しかし概念を担う肉体がなければ成就しない事柄もあります。個体性は概念として存在するだけでは充足されることはありません。個体的概念が神の知性の中にあっても、個体がこの世界に存在するという出来事は成立していません。この世界に登場しなければ、感覚も痛みも経験する必要はないはずです。ところが個体ということは、肉体において担う者が存在し、その者が演じ遂行してこそ、成就するものです。世界や宇宙や個体の一回性の意味はそこにあります。個体の存在には感覚が随伴する、と思います。「随伴」とは、本質的契機としてかならずあるわけではないとしても、常に伴って存在しているものです。この感覚の随伴性＝偶有性を問うことがこの本の課題なのです。

Ⅰ　中世の五感

第一章　中世における「感じる」こと

中世とは天使のイメージに代表される脱身体性の時代だったのでしょうか。もし身体や肉体からの離脱が目指されていた時代であれば、感覚が基底的な概念とはなりにくいでしょう。確かに感覚に関する記述は多くはありません。外的感覚（視聴臭味触）と内的感覚（共通感覚、想像力、評定力、記憶力）についても、認識能力としての機能も、刺激の受容器官・能力として扱われ重要視されてはいますが、特別の地位は与えられていません。「感じる」ことは中世において軽視されていたのでしょうか。

感じる器官としての身体

西洋中世の生活はときに修道院によって代表されたりします。そこでは祈りと労働が中心であり、静謐に満ちた世界が現れます。修道院は禁欲の世界です。そこには身体と感覚から離れようとする方向が如実に現れていますし、天使のあり方を目指す人間の姿が見えます。天使への志向性に人間の望ましいあり方を見だしていたのであれば、中世とは脱身体性の時代と言ってよいのではないでしょうか。

しかし、人間が脱身体性の中で生きていた時代などあったのだろうかと思います。人間はいつも腹を空かし、痛みを体中に抱え、病気に年中襲われ、苦しみながら生きていました。老人たちが穏やかな顔で生きているとしても、体中に痛みを抱えていることは当然のことであり、それを言葉にしても誰も聞いてくれないからだけだったりします。痛みが満ちあふれている世界では痛みは言葉に出されなかったりします。無痛で生きられる年代は人生の中にあるとしても、無痛の時代など一度も世界に訪れたことはありません。西洋中世もまた感覚の少なかった時代ではありませんでした。

一見すると、痛みや感覚をディスクール（言説）として流通させる慣習がなかっただけではないのかとも考えられます。私は、西洋中世の世界は脱身体性や反感覚性の周りを回っていたのではないと思います。それどころか、身体性と感覚性が豊かに語られていた時代だと思うのです。中世の絵画に天使たちが無数に描かれながらも、中世は天使的な時代でも、人間を天使と見誤ってしまう時代でもなかったのだと思います。

スコラ哲学は煩瑣《はんさ》な概念を駆使し、感覚性などは動物的なものとして斥けてきたように見えます。しかしそうではありながら、十字架に架かったイエスの像は痛みと苦しみを顕現させていたはずです。十字架にかかったイエスを仰ぎ見て、痛みを感じ、痛みに苦しむ姿に心を動かされない人々はいなかったのではないでしょうか。キリスト教がイエス・キリストを信じる宗教であるとすると、感覚性が中心になるのは当然のことだと思います。

とは言いながらも、感覚も情念もあまりにも激しくて、言葉に表現する余裕がないことも少なくありません。言葉が足りないのです。一秒間みつめただけの顔の表情でも一書を為すに足りるだけの情報を含みながらも、言葉はほとんどすべてを取り逃してしまいます。そして同時に言葉の分類体系の中に取り込みながら、それらを保存し整理しなければならない宿命を人間は背負ってしまいました。言葉はそれ自体が災難であり、人間にずいぶん多くの課題を同時に背負わせ、これほどまでの大脳の発展を呪いとして課したのは、人間という「業」の深さを思わずにはいられません。

ともかくも、睡眠中にその記憶を分類し、記憶のカテゴリー化された貯蔵に収めるのに人は忙しいのです。記憶を整理できなければ、人は抑圧に陥ってしまいます。五つの外的感覚、五つの内的感覚という分類を意識できるのは、アリストテレス（前三八四～前三二二年）の『デ・アニマ（霊魂論）』を読んだ学者くらいでしょう。感覚と情念に満ちあふれた生活を送る人々は、感覚論とも情念論とも無縁な世界に生きています。

〈記号〉と〈もの〉

話は西洋の中世に飛びます。西洋文化を間近に見ているわけでもなく、キリスト教を生活に取り込んでいるわけでもなく、中世を見たわけでもない人間がなぜ西洋中世にこだわるしかないのか、私にも分かりません。でもそれは私が、〈今・ここ〉にいる必然性のなさと同じくらいに、存在が個体性として現象する際の宿命だと私は思います。後悔することをハビトゥスが撥ね付けるほど、その偶然性をハビトゥスに取り込んでしまいました。偶然性を背負うことでしか、存在は存在たりえないのですから。

さて、事物を〈もの〉として見るのか〈記号〉として見るのか、それは大きな違いです。アウグスティヌス（三五四〜四三〇年）は『キリスト教の教え』というキリスト教神学の代表的教科書の冒頭を〈もの〉と〈記号〉の区別で始めています。私はこの本に初めて出会ったときにとても不思議な感じがしました。その頃記号論が流行っていたときで、記号論は最近の流行かと思っていたのに、古代においても〈記号〉が神学書の最初に取り上げられることに、時代感覚を剥奪されるような眩暈を感じたのです。

それはともかく、事物は〈もの〉としてのありかたと〈記号〉としてのありかたではまったく異なった相貌で私たちに現れます。〈もの〉として見る限り、それは感覚の対象として人間に現れるのです。しかし、事物が神の世界の〈記号〉であるとすれば、もはや感覚はほとんど意味を持たなくなってしまいます。たとえば、縁の光り輝く小さな雲が太陽を覆い隠しているとしましょう。そのとき、雲は〈もの〉としては太陽を隠していますが、〈記号〉としては、背後に太陽があることを表しています。煌々と熾《お》きた炭火を覆うことで、赤色の熱灰は〈もの〉としては炭火を隠しながら、〈記号〉としては炭火を表しています。人間の肉体も、おそらく〈もの〉としては精神を覆い隠しながらも、〈記号〉としては精神を示していると考えてよいでしょう。〈記号〉を覚えてしまった人間は、すべての事物が隠しつつ顕わにすることを受け入れ、〈もの〉と〈記号〉との落差と乖離をこともなげに乗り越えることを強制されました。〈記号〉を使う動物としての人間はそのことで知恵という原罪を背負ってしまったのかもしれません。〈記号〉がなければ、人間は罪に苦しむことはできませんし、想起できる記憶や他者に伝えられる出来事として蓄積伝承されることもないのです。〈記号〉とはとても罪深いものだと思います。

この対比は神の作った世界を見る場合の基本的な枠組みとされていたのです。世界を〈もの〉として見るのか、〈記号〉として見るのか、世界は大きく変わってきます。世界を〈もの〉として見れば、そこに見出される不完全性を人間への試練として嘆き悲しむことが当然となりますが、その不完全性を〈記号〉として見ると、そこに神の意図が現れ、異なった相貌の下に現れる可能性があります。

この〈もの〉と〈記号〉の対比というのは、当たり前の図式に見えますが、自明な分類ではありませんし、キリスト教を学ぶ際の基本的な軸になります。というのも、その本の冒頭では、〈もの〉と〈記号〉の分類のすぐ後に、連続して「使用」と「享受」という区別も出されているからです。使用と享受の対比は、中世哲学にも受け継がれ基本的枠組みとなっていきます。詳しくは本文でまた触れることになりますが、ある事物・事柄をそれ以外の目的のための手段・方法として扱うのが「使用」で、その事物・事柄をそれ自体で目的として捉えるときに「享受」という関わり方が現れます。

畑を耕すことは、秋の果実の収穫のために営まれるのであり、「使用」であり、秋の果実を味わうことは「享受」なのです。畑を耕すことに喜びを見出し、収穫につながらなくても楽しむ人は「享受」していますし、病気を治すために果実を食べる人は「使用」しています。対象を手段として扱うのか目的として扱うのかによって変化してきます。この使用と享受ということは、世界や他者に接する場合の基本的態度として意味を持ってくるのです。

感じることは、それ自体、〈もの〉としての事物に接するときに現れてくるものです。しかし、それは同時に事物を〈記号〉として扱う際の基盤となるものです。彫刻として存在している十字架のイエスが、痛みと苦しみを表すとき、十字架のイエスは〈もの〉としてあるわけではありません。いずれにしても、〈もの〉と〈記号〉、「使用」と「享受」という二つの概念対が交差するところに、中世スコラ哲学の〈感じる〉こと、感覚の問題の本領があると思います。

アウグスティヌスは学問を分類して、事物そのものに向かう学問と、書物や文字を学ぶ学問とに分けます。〈もの〉と〈記号〉というのは、学問の対象を二大区分するための指標なのです。しかしそれだけでは済みません。というのも、その分類を受け入れた場合、私たちが生きているこの世界は〈もの〉なのでしょうか、〈記号〉なのでしょうか。さらにまた、世界が〈記号〉であるとはどういうことなのでしょうか。

〈記号〉とは人間が作った言葉によって代表されます。〈犬〉を表す言葉が各国語によって異なるのを見ても分かるように恣意的なものです。単語と事物の対応関係では恣意的なのですが、単語だけではなく、それらを組み合わせて文章にすると事情が異なるという指摘もあります。一つ一つ見れば恣意的であるように見えても、それぞれの構造を見ると対応関係が見出されるという論点もあります。ここではその論点に踏み込む必要はないでしょう。「犬」「dog」「chien」「Hund」と各国語でさまざまであるのははっきりしているのですから。ともかくも言葉は人間が作ったわけですが、人間が作ったのではない〈記号〉もあります。これは「自然的記号」と言われるものです。「黒雲」が「嵐」を表す場合です。また、笑う表情・行動が「喜び」を表すことは、どの民族でも共通です。これは取り決めによって設定されることではありません。もちろん、「笑い」の場合でしたら、他人の感情を直接体験・確認できないので、そこに自然的記号関係があるのか断言できないはずだという批判もありますが、ここでは取り決めによるのではないことを確認しておけばよいので、その論点もここでは入らなくてよいでしょう。ともかくも、笑いはどの民族でも共通に喜びを表しており、それを人間が作ったり、他の民族と契約によって取り決めたものでないのは確かです。

ここでは、〈記号〉とは人間が作ったものだけではないということが確認できればよいのです。そして、さらに付け加えておくと、世界そのものが〈記号〉であるという見方も成り立つことにも触れておく必要があります。書物もまた幾重にも重なる意味の層から構成されています。それを解釈する必要が出てきます。それが解釈学と言われる学問です。聖書のように、表面に現れた意味（字義的意味）以外に、隠れた意味、なすべき行為への示唆を表す道徳的意味、天上におけるあり方を表す天上的意味など、複数の意味があると考え、それらを分析するのが聖書解釈学と言われるものでした。

解釈学が適用されるのは文章だけではありません。世界を〈記号〉と見なせば、つまり世界が神によって作られ、そしてそこに幾重にもわたる意味の層を含んだテキストだとすれば、そこには聖書解釈学と類比的な「自然の解釈学」という見方も現れてきます。少し面白そうな学問であるように見えます。こういった学問は、一七、一八世紀に特定の地域で流行した発想です。自然科学が発達していた時代では、自然は数字という記号で書かれていると考えられ、法則を求めるのが主流となっていきました。そういった時代の流れの中では、世界を〈記号〉やテキストとして解釈するというのは、古臭いやり方だったのです。

〈記号〉を介して世界と接するのは間接的な仕方においてです。〈もの〉に接するのが直接的かと言えばそうではありません。〈もの〉に接するのも感覚を通じてです。つまり、「感じる」ことが世界と触れ合うことの第一歩となります。〈もの〉を〈記号〉と捉え、そこに意味を見出し、解釈を加え、文化的な構築物を人間は作り上げていきます。「感じる」ことこそ、世界との関わり方の基礎にあるものです。哲学は、知性的なものの方に真実のものを見出そうとしてきました。感覚的なものは物質的であり、滅び去っていくはかないものであると考えられたからです。プラトン（前四二七年頃〜前三四七年）のイデア論も、「感じる」ことを離脱して、知性的なもの、永遠的なものへの憧憬を体系化した哲学と考えるのが普通の進み方です。

中世もまた、地上的なものよりも天上的なものへの希求が強く、神の世界を目指す志向の時代であったように見えるかもしれません。しかし、中世は、都市が発達し始め、数多くの物資が流通し始めた時代です。そこには、ワイン、衣服、染料などなど、感覚に訴える事物があふれていました。

カタリナの法悦や聖テレサの法悦が、絵画や彫刻に表現され、教会の荘厳さの中で展示されているのを見て、不思議な感じを持った人は少なくないでしょう。とりわけ、ローマのサンタ・マリア・デッラ・ヴィットーリア教会コルナロ礼拝堂にあるベルニーニ（一五九八〜一六八〇年）の彫刻には、激しい、世俗的な人間の常識を破壊するほどの官能的な法悦が表されています。多くの人が真剣に見守っている以上、それは宗教的荘厳さに他ならぬと予感しながらも、なぜこのように強烈な官能性が、教会の宗教的空間の中で違和感をもって受けとめられないのか、不思議な感覚を持った人も多いはずです。私も困惑してしまいました。アビラのテレサの自叙伝（邦訳『イエズスの聖テレジアの自叙伝』）や『マージェリー・ケンプの書』のあまりにも赤裸々な告白に戸惑う人も少なくないはずです。

ベルニーニ《聖テレサの法悦》
1647–1652年

もちろん、キリスト教の中でもこういった表現を好まない流れも存在しています。それでも、カトリックでは崇高な表現と見なされているのです。なぜなのでしょうか。高いものが高いところにあり、低いものが低いところにあるのではなく、高いものが低くあり、低いものが高いような世界とは何を意味するのでしょうか。

聖女たちの法悦と十字架のキリストを重ねて描くことは不謹慎なことなのではなく、当然のことなのです。ここに神秘主義の一つの核心があります。エロティシズムと崇高さを別個のものとしか見られないのは、世俗的なメカニズムに汚染されているのです。そこには必然的な理路が存在しているはずです。そして、中世の人びとはこともなげに簡単に重ね描きができたでしょう。現代人にとってはその途《みち》は困難なものとなってしまい、もはや感じることはできなくなってしまって、頭で理解しようとしてしまいます。

「感じる」こととは何か

中世のスコラ哲学は、カトリック神学の牙城です。その神学も、唯名論の登場を経て、ルター(一四八三～一五四六年)に始まる宗教改革の嵐によって、揺らぐこととなってしまいました。ルターは唯名論の系譜を継承したものと考えられてきました。いや、ルターは唯名論の神学を批判することで自らの神学を形成したという整理もたくさんあります。

唯名論は、中世のカトリック神学からも、プロテスタントの側からも、憎まれる存在であったように見えます。そして、哲学においても、唯名論は、普遍を名のみのものととらえる「鬼っ子」と見なされてきました。唯名論、そして唯名論の創始者であるオッカム（一二八五年頃～一三四九年頃）が、忌み嫌われることなく研究されるようになったのは、二〇世紀も後半になってからのことでした。さまざまな研究が積み重ねられ、唯名論は普遍を「名のみ」のものと見なす立場ではないということが分かってきました。名は体を表していないのです。そして、その結果、そもそも唯名論とは何なのか、あらためて考察されるようになったのです。

唯名論の本質が分からない限り、ルターが唯名論に反対したのか同じ流れなのかも、分からないのです。この問題が放っておかれたわけではありません。ルターの思想の出自を研究した学者たちは誰でもこの問題に取り組みました。しかし、疑問の雲は消えることなく残っています。

私はこの疑問を解明するために、ずいぶん長い時間をかけ、探求してきました。遠回りをしてしまい、時間内に目的地へと到達する可能性も少なくなってきてしまいました。何かとても大事なことを見落としているのではないか、そんな気がしてきました。

カトリックかプロテスタントか、そういう党派の争いは私が拘るべきことではありません。スコラ神学を頭で理解できるとか、理解しようとしていたのではないか、そんな風に考えるようになったのです。

法悦の聖女たちの表現が示していたのは、神学を理解するのではなく、「感じろ」ということではないでしょうか。一三世紀以降、女性神秘家たちが数多く現れ、彼女たちは法悦ということを語りました。異端として弾圧されながらも、彼女たちは何度も何度も、神との一致、法悦（エクスタシー）ということを語りました。

十字架にかかり無限の苦悩を背負ったこと、つまりイエスの受難と、神秘家たちの法悦とは、どのように結びつくのでしょうか。

感覚にしても、感情にしても、それらはギリシア哲学においては、受動性と捉えられ、克服されるべきものと考えられました。古代ローマにおいても、ストア派の流れを汲む哲学者は感情・情念を克服または制御する道に、哲学者の理想像を措定しようとしました。

もちろん、哲学が戦場において怯まない戦士たちのためのものであれば、恐怖と怯懦に打ち勝つ思想を呈示するのは当然のことです。しかし、哲学が「私たち」のためのものであるとすると、それは違った姿をとったとしても不思議ではないでしょう。

感じることは他者から何かを受け取ること、作用を蒙ることにすぎないのでしょうか。針が刺って痛みを感じるとき、痛みは感じないで済ませられること、感じないでいようとすることで感じなくても済むことではなく、否応なく感じざるをえないことです。ですから、感覚は私たちの意のままにならず、制御もできず避けられない、苦悩と捉えられるようになります。感情や情念についても同じです。

しかし、感覚はありのままに外部の刺激を伝えるのではなく、主体を裏切ることもあります。感覚が麻痺して刺激が内部へ伝わらないこともあります。味覚は恒常的な反応を引き起こすわけではありません。大きな悲しみにおいては味覚は働かず、砂をかむように味気ないこともあります。他の感覚でも同じようなことが起こります。

感覚が受動的なものにとどまらないことは、他者が関わるとき如実に表れます。他者と共に何かを感じようとするとき、対象である「何か」に積極的に関わっていかなければ、共に感じることはできません。共感とは、与えられるのを待っていて自ずと与えられるようなものではないでしょう。そして、他者の苦や快を自分にも引き受けようとするとき、それは能動性なしには生じえないでしょう。

そのような感覚の交通や伝播や共有は幻想にすぎないという反論もきっとあるでしょう。近世以降の意識中心主義は、そういった感染呪術めいた移行を認めたくないでしょう。近世の脱呪術化の流れの中では、意識が交換のための窓を持つことが忌み嫌われたのでしょう。

しかしながら、近世以降の人びとは、イエスが「これは私の肉であり、これは私の血である」という言葉を、呪術や迷信の名残として受けとめるしかないのでしょうか。

いくら科学技術が進み、合理化が進もうと、人びとは感覚を持ちつづけ、流行に流され、不条理な情念に苦しめられつづけています。時代が進むにつれ、情念や悩みが減っていったということは決してないと思います。経済的豊かさを大きくするにつれ、人間の苦しみが減っていったということは決してないでしょう。

感覚というのは、中世の哲学や神学を理解する場合の鍵となるものです。私はそのように考えます。

「能動作用は基体に属する（Actiones sunt suppositorum）」という言葉が近世哲学の格率とされていました。能動作用は、基体＝実体の外部にさまよったり、二つの基体にまたがって存在したりするのではなく、特定の基体に帰属しているものだという発想でした。このような発想においては、受動性もまた、その本来のあり方は能動的な作用者の内にあるのであって、受動者は、能動的作用者の影のごときものとされてしまいます。能動性の哲学がそこにはあります。

中世とは受動性の哲学の時代でした。それでは次章から中世における「感覚」について具体的にみていきましょう。

第二章　霊的感覚と味覚

西洋中世の哲学的味覚論は、ほとんどがアリストテレスの『デ・アニマ』の枠組みを基本としています。アリストテレスの味覚論は、それほど面白いものでもないのですが、大枠だけ紹介しておきます。アリストテレスは五つの感覚に序列をつけ、視覚、聴覚、嗅覚、味覚、触覚の順番に高級から下級になると考えています。

味覚は下位に置かれています。アリストテレスによると、味覚は嗅覚と似ていると言います。味の種類と臭いの種類は類似しています。「甘い」のは味にも香りにも言えます。しかし「塩辛い」というのは舌で触れてみないといけませんから、味覚の方が範囲においても識別力においても優れています。嗅覚は離れていても感じられますが、味覚は触れたものしか識別できませんし、しかも液体に溶けるものしか味わえないところは異なります。

味覚は直接接触するものしか識別できませんから、媒体の介在しない直接的能力ですが、アリストテレスの指摘で重要なのは、味覚が飲めるものと飲めないもの、食べられるものと食べられないものを識別する能力だということです。生命の維持に資するものと有害なものを識別する能力なのです。触覚でも熱を感知することは生命に直接関わりますが、味覚もまた生命の維持に深く関与するということでは、感覚の中で生命との関連が密接であると言えると思います。

西洋中世において、哲学的に重要な味覚論を呈示するテキストというのはあまりないかもしれません。味覚（gustus）の対象は味（sapor）です。これらの概念的な分析はアリストテレス『デ・アニマ』への数多くの註解の中で論じられています。それらの多くを見たということもないのですが、そこに面白い論点が出てくるということもありません。

私として重要であると思うのは、味覚のラテン語としてのgustusが「趣味」や「好み」といったより一般的な概念へと意味を拡大していった点です。

味覚や触覚は、哲学的な感覚論においては高い位置を与えられませんでしたが、宗教的な場面では重要な役割を与えられていたように思われます。触覚の働きを示しているのは、「ロイヤル・タッチ、王のお手触れ（Royal touch, King's touch）と言われるものです。瘰癧《るいれき》（リンパ節炎）にかかった人がいる場合、中世では国王が瘰癧にかかった人の身分を問わずに誰でも、触れることで瘰癧が治ると考えられていました。この習慣はイングランドとフランスのもので、イングランドでは、聖エドワード証聖王（在位一〇四二〜一〇六六年）に由来するとされています。フランスでは、最初にロイヤル・タッチをしたのはフィリップ一世（在位一〇六〇〜一一〇八年）かロベール二世（在位九九六〜一〇三一年）であり、最初にイングランドでロイヤル・タッチしたのは、ヘンリー一世（在位一一〇〇〜一一三五年）だと言われています。

起源はともかく、このような慣習の背後には、国王には神からの贈り物（divinitus）として、病気を治す特別な力が宿っていて、それは患部に触れたり撫でることで患部に及ぶという考えがありました。これには感染魔術（contagious magic）の様式が見られます。類感魔術（imitative magic）と並ぶ、魔術の二大カテゴリーです。感染呪術は、接触することで呪力が伝わっていくと考えます。類感魔術は、「呪いの藁人形」のように相手の姿に似たものに対応する部分に釘などを刺して、相手を苦しめようとすることです。ここでは直接的接触よりも、類似性や対応関係が基本となっています。感染呪術は、親しい人の髪の毛などを護符にすることにも見られますが、呪力が物理的接触、およびその連鎖によって伝わっていく形式をとります。

こういった魔術における触覚の関わりを神学者はとりあげません。中世では、占星術への絶大な信頼がありましたし、魔術についても、魔女の存在が強固に信じられていたことにもうかがえるように、人びとは魔術の存在を信じていました。接触というものが、魔力の伝染する経路であること、したがって、人間と人間を結びつける基底的なものであることを強く信じていたと思われます。現代人においても、触れることが最も原初的な人間関係であることは変わりありませんから、このように捉えて問題ないと思われます。

味わうことの意味

味わうことは知恵（sapientia）に属し、見ることは知性（intellectus）に属すと言われています。

知性は鋭敏に見出す能力ですが、知恵は霊的な喜びに向かうものなのです。そして、知恵こそ、風味（sapor）を味わう能力だったのです。このことは近世以来長く忘れさられています。

知恵というのは、アリストテレス的伝統においては、最も高貴なる原因の認識であり、神的なものの認識です。知恵と知識（scientia）との対比は、中世でもいろいろと語られます。両者の定義と説明を並べるのがためらわれるほどたくさん提出されています。私はそれをここで羅列しようとは思いません。そして、それを反復して記したいのでもありません。私が言いたいのは、知識は振り返りを行わないのですが、知恵は玩味し、その味わいを精神に刻みつけるということです。味覚もハビトゥスなのです。味覚はたんに受動的な能力ではなく、味の諸契機を分節化し、それぞれについて享受を行い、それを統合する分析的かつ統合的な能力です。

また味覚において重要なのは、それが甘い（dulce）ことと苦い（amarum）ことを識別する能力だということです。甘さは味覚を超えて「甘美さ、魅力」にもなるし、苦さも味覚を超えて「嫌悪、痛恨、悲哀」をも表します。味覚によって心的状態を表すことは中世の神秘主義においてはよく用いられたことです。没薬の苦さは、苦しみに対応するものとして、しかしイエスの誕生のときに三賢者が、乳香・没薬とともに献じた三つの贈り物に含まれるものとしてさまざまな意味が読みとられてきました。没薬の苦さは、人間が神を見出すための苦労の苦さであり、現世の甘さを忘れさせるものです。感覚を整えて、一つの目的に秩序づけることが目指されたのですが、そこに至る途中の道は暗いもので、心は渇き、口の中は苦さにあふれると記されています。没薬の苦さを苦みとして苦しむ者が、その次に来る乳香の高貴な芳香を享受できるのだとされるのです。

精神を陶酔にいざなう甘美さは、霊的な味覚によって感じられるのです。甘美さが、視覚、聴覚、嗅覚、触覚ではなく、ここでは味覚に置かれています。もちろん、霊的な魅力ということを、視覚、聴覚、嗅覚、触覚を通じて見出すという表現方法もあります。美しさ、美しい響き、香しい香り、触覚的悦楽などなど、それぞれの感覚に対応した、霊的喜悦は考えられます。しかしながら、甘美さというのは、甘さを通じて得られる精神的喜悦であり、それが一番とは言えないとしても、基本的なものとされていることです。食べ物が乏しくて、調味料が現代ほど豊かでない中世において、「甘美さ」は喜悦の中で基本的なものとなっていたのです。現代においては、脂肪や塩や甘味において、ソドムとゴモラの町の人びとも驚くほど、耽美の限りを尽くして味わうことができます。そして、それでも満ち足りることなく、ミシュランごっこに興じながら、満足することなく渇愛状態に陥っています。行き着く先を楽しみに穏やかな気持ちで見守りたいものです。

それはともかく、中世では病的追求に陥ることなく、味覚に喜悦の基本形が置かれました。見る喜び、聞く喜び、触れる喜び、嗅ぐ喜びなど、感覚にはそれぞれ独自の満足・充足の形式があります。しかしながら、食べる喜びと満足は特別の位置を占めています。現在の都会における飲食店の多さを見れば分かります。中世においては、食料は今ほど豊富ではなく、調味料も食材の種類も現代に比べれば、見劣りするでしょうが、悦楽の重要な源泉であることは確かでしょう。空腹においては、特別の味付けなどなくても、おいしく感じられるわけで、その場合味覚は身体の欲求に見合う自然的な能力の側面を強く有することになります。

味覚は充足の基本形式を提供すると考えられます。これはアウグスティヌスの述べる享受(fruitio)の典型例になると思われます。それ自体のために愛するとは、「味わい」にあります。何らかの目的の実現に資することがなくても、栄養があろうがなかろうが、味わいはそれ自体での喜びを与えます。自己充足の形式を有しているのです。

精神的な場面において、識別を含む充足の形式に「味覚(gustus)」という概念が登場するのは不思議なことではありません。gustusは趣味とも訳されます。審美的な場面に使われるのであれば、「趣味」でよいのですが、天使や神や聖人に関わる場面でも用いられますから、その場合は「趣味」よりは望ましいのではないでしょうか。

そういった霊的なものへの味覚は「霊的味覚(gustus spiritualis)」と表現されていました。「霊的味覚」という表現はすでに一三世紀前半に登場し、一三世紀においてもボナヴェントゥラ(一二二一~一二七四年)、トマス・アクィナス(一二二五年頃~一二七四年)も用います。味覚の位置づけで面白いのは、味覚が肉体的感覚、外的感覚の中で、つまり視覚、聴覚、嗅覚、触覚、味覚の中で最も基礎に位置すると整理されたりすることです。味覚がなければ、他の感覚は弱いものになる(infirmantur)というのです。食べなければ、他の感覚の力も弱くなってしまいます。

「霊的味覚」というのは、中世の人が食いしん坊だったからでしょうか。現在ほど食料の種類も量も料理法もない時代に、食に意地汚かったということは考えにくいのです。しかし、中世においては感覚的表現やイメージに訴える表現が多く見られます。そして、それは神秘主義という肉体からの離脱を強調する流れにおいても、当てはまります。愛の抱擁といった官能的表現が好まれたということだけなのでしょうか。感覚に拘るのは、中世哲学の語る事態が哲学的言語によってよりも、具体的な感覚言語によって語られるべき理由を有していたからなのです。

神秘主義と感覚

神秘主義は味覚といった具体的なイメージを使用することが多いのです。これは何を意味するのでしょうか。おそらくそこには偶然とは言えない重要な関わりがあるように思えます。

ルドルフ・オットー（一八六九～一九三七年）は宗教哲学の名著である『聖なるもの』において、神秘主義の体験を「ヌミノーゼ」と表現しました。ラテン語でヌーメンは「神霊」の意味で用いられる単語です。そこからオットーが造語した「ヌミノーゼ」とは、「神々しく、不気味で、不吉で、恐ろしい雰囲気」ということができます。

日本語には「忌む、祈る、祝う、忌々しい、いみじ」などの語に含まれる「い（斎、忌）」という語幹があります。神聖なものに対する畏怖の念、または死の穢れに触れたり不吉な言動をするなど社会的な禁忌に対する恐れを言うのが本来的な意味とされています（大野晋編『古典基礎語辞典』参照）。「ヌミノーゼ」は日本語における「い（斎、忌）」に対応するものと考えると分かりやすいでしょう。教会の十字架、神社の内陣、真夜中の神社や墓地に漂う雰囲気を「ヌミノーゼ」と捉えればよいでしょう。

ルドルフ・オットーは、神秘主義体験の核心を「自ら無に沈み去る感じ、自己の空無と没落の感情」と表現します。神秘的一致は、静かで瞑想的な気分において現れることもありますが、興奮と陶酔と法悦が荒々しい騒擾として現れる場合もあります。その気分は、薄気味の悪さ、妖怪的なもの、ゾクゾクする感じとして体験されるというのです。得体の知れないものが到来するかもしれないときの前駆的な感情なのです。

それは激しい不安を掻き立てると同時に、孤独感を募らせることも多い感情です。神秘主義においては、「暗黒、深い沈黙、深淵、夜、神性の荒野」というイメージがよく出てきますが、それは、魂が見捨てられた者として苦悩と荒涼と無気力に陥りながら出会う体験を表しています。そしてそこで出会われる者が「神」と呼ばれるものなのです。もちろん、その出会いにおいては、苦痛と孤独と不安の段階を超えて、抑えがたい歓喜と高揚感と幸福感が体験されることが多いようです。この体験は法悦（ecstasis）と呼ばれるものですが、長くは続かず、しかもその後に深いうつ状態と絶望をもたらすもののようです。

エックハルト（一二六〇年頃〜一三二八年頃）は、「神の根底は〈私〉の根底であり、〈私〉の根底は神の根底である」と語ります。つづいて同じように、「魂はその存在を神より直接受け取る。それゆえ魂は魂自身であるよりも、魂は神にさらに近いものとしてある。それゆえ、神は神の全神性をたずさえて魂の根底にいる」ともエックハルトは語っています。これが「子の誕生」「離脱」「魂の内における神の誕生」となるのです。「魂の内における神の誕生」というイメージはとても重要なものです。魂の根底、内部から神が湧出してくるイメージですが、このイメージは、神秘的合一の核心と言ってもよいでしょう。空間的に一致するというよりも、前方から他者として襲来してくる他者が、自分の背後から自分を貫き、自分と一体化した力として、自分が神として、いや神が自分として存在していることを体験するわけですから。もちろん、こういう言い方は不遜で、異端的ですから、避けられます。インドのウパニシャッド哲学のように端的に「梵我一如」、イスラム教のスーフィズムにおけるように「我は神なり」とは語らないのが、西洋の神秘主義でしょう。

ドイツ神秘主義の系譜を継承するヤーコプ・ベーメ（一五七五～一六二四年）は、「魂の根底」を「無底・奈落（Ungrund）」と語りますが、「魂の根底」とほぼ同一の事態を指しています。意志自体が暗闇から暗闇が発するごとく無底、暗い深淵に起源し、突如として現れる神的閃光の現れを「誕生」と呼んでいます。

ここで重要なイメージは、神が魂の根底、中心に存在し、そこから力・意志として湧出してくることです。これが、根底、奈落系の言語で語られるのが、ドイツ神秘主義の特徴なのです。この心的表象は、聖霊系の言語、光／闇系の言語、触覚系の言語、神的婚姻系の言語、溢出・源泉系の言語、誕生・出産系の言語などさまざまな言語系で語られます。さらにまた、放下・離脱・貧困・無といった欠如系、超越・突破・卓越を鍵とする超越系、鏡を重視する鏡系、灼熱・太陽で語る熱系という言語系もあります。近世スペインの神秘主義（十字架のヨハネやアビラのテレサ）におけるように、炎・火花で語る炎系、神との一致の過程を城塞や登山に例える場合もあります。また、どうしても異端の臭いがするのですが、鞭打ちなどの苦行を介した苦行系、酩酊に準《なぞら》える酩酊系などもあります。このように、ありとあらゆるメタファーや表象を用いて、神との一致を語ろうとします。神秘主義において装いはさまざまにあっても、同じ心的表象が語られていると思われます。

こういった事態は言語では語れませんから、イメージや比喩で語っているのだと説明することもできます。イメージが用いられるのは、イメージを使用しなければ、図式（schema）を構成しにくいからだと思います。図式の方が、予期と充足（anticipation and satisfaction）という人間行為を動機づける基礎関数を支えることがしやすいのです。

感情との結びつきを語ると、言語が感情を引き起こすことはもちろんありますが、それよりもむしろ、概念のように他から判明に切り離されて存在するのではなく、他のものと重なり、浸透しながら成立している諸々の感情においては、その感情の身体的図式を成立させ、それを稼働させるのは身体的なイメージの方なのです。

中世のキリスト教が、享受という感情の契機をたっぷり含んだ目的地まで、人びとを連れて行こうとする場合に、そして哲学的な言語においてよりも、絵画や物語や音楽を介して、多くの回り道と多大な時間を費やして（冗長性を十分に有した形で）人びとを連れて行こうとする場合に、神秘主義が大きな役割を有し、多種多様なイメージが用いられるのは、便法にとどまらず、本質的な通路でもあることを意味しています。

感じない哲学

哲学は概念という抽象的な言語によってではなく、感覚や感情という具体的なイメージを喚起するものによって語られるべきなのかもしれません。哲学がプラトンやアリストテレスの哲学用語を用いてなされるものだとすれば、哲学を大学で専門的に学んだ人しか哲学することはできません。中世のスコラ哲学には徹底的にアカデミックな言語で語る行き方もありましたが、それと同時に非学問的に直感的に語る道を模索する方向性もありました。それが神秘主義の道なのです。神秘主義が味覚や味わいを用いるのは、不確実な道を歩むためではなく、哲学であれ神学であれ、合理性の光に照らされた表街道ばかりでなく、情念と感覚が草むらにたむろする裏街道が存在すること知らしめ、裏街道の歩き方を広く知らしめるためのものでした。近世哲学になると、表街道だけを公教哲学として認め、裏街道を封鎖しようとする流れが主流になってしまいます。二〇世紀なってからの中世哲学への注視は、身体論への注目と呼応するかのように、哲学的裏街道が人間の思惟に及ぼす決定的意味を想起する流れでもあったのです。

哲学史を遡っても、味覚や食ということが論じられることはあまり多くはありませんでした。哲学の目指すものがそういうものと両立しがたいとは言えないとしても、方向を別にしているということがあったためなのでしょうか。哲学が事実や真理を目指す限り、味覚や食は周辺的なことになってしまいます。

認識能力が上級のものと下級のものに分けられ、感覚は下級のものとして捉えられてきました。しかも視覚、聴覚、嗅覚、触覚、味覚という五つある感覚能力の中でも、味覚や食は、感覚的欲求との結びつきが強い以上、かなり下に位置づけられるものでした。動物にも見られる感覚的欲求と近いものであって、動物的なものとの距離によって高級・低級の尺度が定められる枠組みでは味覚は低く位置づけられます。しかも、味覚においては、評価の尺度としては、おいしいかまずいだけであって、審美的なカテゴリーを形成しにくいということがあったのでしょう。

食に関する哲学的考察は、食材や料理に関する個別的な用語がいかに豊富であろうと、味覚を分類するカテゴリーにおいて貧弱であって、しかもそのカテゴリーが排反的ではなく、中間状態の存在や総合や融合によって分類が困難であると言えるでしょう。しかし同時に、その語りにくさが、ライプニッツ（一六四六〜一七一六年）が述べるところの「渾然たる認識（cognitio confusa）」の表れであると考えれば、幾分違った姿も見えてきます。認識は真偽いずれかに判別された、判然たるものだけが理想というわけではありません。命題は真偽二項のいずれかを暴力的に選ばせます。それこそ、言語が有していて、人間に課した圧倒的な暴力なのです。真理は真偽の二項分割の内に宿ることはありません。命題は真理を宿す容器としてはあまりにも小さいものです。アリストテレスは命題を真理の容器として設定しました。しかしそれと同時に哲学は祝福ばかりでなく、呪詛を背負ってしまいました。

「渾然」ということは、おいしいかまずいかを明晰に判断することはできますが、それを識別するための徴表を挙げられない場合のことを言います。色を判断する場合もそうです。「緑」を瞬時に明晰に判断できても、なぜ緑と判断したのか、その徴表・基準を言語化できないのは当たり前のことです。そういうことが生じるのは、そこに識別されるべき徴表が無限に潜在していることの証しであると考えられます。

味覚の評価基準が単純で、複雑多様なカテゴリーを構成できないとしても（近代以降に著されてきた多様な料理書をみればもちろんそんなことはないのでしょうが）、それは、感覚としての低級さの故ではなく、無限を蔵しているからかもしれません。ライプニッツはそのように考えました。ライプニッツ的認識論においては、感覚的認識の包蔵する無限性が高く位置づけられることになります。味覚を積極的に位置づけるためには、身体論的な枠組みばかりでなく、ライプニッツ的認識論においても、道筋は予感されていたと言えます。

とはいえ、ここでは味覚について豊かに語るための道具がすでに準備されている状況にはありません。味覚や料理を語ったグルメ案内、店の案内、食材や料理法を扱った本は常に数多く出版されながらも、味覚や料理が哲学的に論じられることは少ないのです。しかしそれはある意味では当然のことでしょう。知性と感性が二項対立的に区分される西洋哲学的な枠組みでは、抜け落ちてしまうのです。

感覚を受容的認識能力と決めつけてしまっては問題を取り損なってしまうと思われます。その際、感覚を中世スコラ哲学にならって、外的感覚と内的感覚に分けることも有力なのですが、ここではその道をたどることは避けましょう。無益だという判断によってではなく、アリストテレスの『デ・アニマ』の煩瑣な枠組みを踏まえ、その上で内的感覚の枠組みを説明することは、味覚を語る場合、意味があることと思いますが、その手間に見合うだけの関連性は大きくはないのです。イスラムの哲学者で中世スコラ哲学に大きな影響を与えたアヴィセンナ（イブン・シーナー、九八〇〜一〇三七年）が提起した評価力（aestimativa）は現代を先取りしたような面白い概念です。これは味覚との結びつきを備えたものです。ここでは残念ながら素通りするしかありません。

以下のところでは、情趣と味わいという曖昧な領域を検討していきます。九鬼周造（一八八八〜一九四一年）は「いき」という日本的な情緒を巧みに分析しました（九鬼周造『いきの構造』）。ここでそれを凌駕したいというような目論見があるのではありません。情念と味覚は共感覚的に浸透し合う場面があるように思われます。涙ながらにパンを味わった者でなければ人生の味は分からない、と言われますが、それは本当にそうだと思います。そして「酒は涙かため息か、分かれ涙の味がする」という歌のセリフが人口に膾炙《かいしや》していることからも示されるように、味覚は、味覚にだけ関わる部分的能力なのではありません。

味覚と趣味

「味覚」と「趣味」は西欧語では同じ言葉で表されます。ドイツ語ではGeschmackであり、英語ではtasteです。ラテン語ではgustusと表記されますが、語の意味合いはほとんど同じものになっています。これは何を意味するのでしょうか。味覚はおいしいかまずいかを判別する能力です。これはおいしいものが生命の維持に役立ち、まずいものは有害であるという、暫定的判断を瞬時に行う能力であり、その点で生きていくのに不可欠の能力であることを示していると考えられます。味覚がなければ、腐敗したものや毒物の混在した食物をはき出すこともできませんから。吸収すべきか排除すべきか峻別する能力なのです。

ただし、そういう生体維持のための能力にとどまるのではなく、個々人において多様にそして微妙な度合いを含みながら偏差する能力としてもあります。趣味が多様に存在するように、味覚もまた多様に存在することになります。そして、個性を備えていたり、また変化成長を遂げるという性質を備えることができます。「蓼食う虫も好き好き」というように、味覚の多様性は好みの多様性にもつながり、人間個体の多様性を支えるものでもあるのです。

日本語で考えた場合どうなるのでしょうか。日本語で考えても同じでしょうか。味覚に固有な感覚能力を指す言葉があるのか微妙なところはありますが、「味わい」というのはその一面を表しているると思います。「味わい」は対象に見出される質を表しており、味わう感覚能力を指しているというわけではありません。大和言葉は、対象に属する性質とそれを識別する主体の側の能力を表現し分けることはあまり行ってきませんでした。時枝文法では詞と辞が分けられますが、辞という関係を表す語によって、事態が事物や主体の側に割り振られることになっています。

なお、少し歩みを止めて、「あじはふ」という語について、触れておくことも意味があるでしょう。「あじはひ」という話は古語として盛んに用いられたものではないようですが、語形成の点から見ると、「なりはひ」「にぎはひ」を構成する接尾語「はふ」の連用形を共通に有しています。おそらく、「さきはひ（さいわい）」「わざはひ」も同様であると思われます。「はふ」というのは、二項間の相互的な作用にとどまらず、複数の構成要素の間で全体的に力動的な交渉が行われている状態を指しています。そのような見方が正しければ、味覚とは要素主義的なものではないと言えます。そしてそれを私たちは日常生活の中で実感しているのです。ほんの少しの塩加減が味全体を変えてしまうということが言えそうです。

味覚について、とりあえず要素主義的に考えますと、甘味、塩味（鹹味）、酸味、苦味という四つの基本味から構成されています。しかし、こういった味覚だけで味わいが決定されているわけではありません。肉の脂身が嫌いな人は、味覚についてよりもその触覚的要素を嫌っているのです。味わいには、味覚ばかりでなく、触覚と嗅覚、そして視覚や聴覚も関わってきます。ここでは、視覚や聴覚の関与は除外しておきましょう。

味わいの中で、味覚よりも、触覚の方を重んじる人がいるというのは考えられることです。ほとんど味わいのない淡泊な食材を好む人もいます。コンニャクやところてんなどは微妙な味はするとしても、その味わいは四つの基本味を要素として、その結合から得られているとはなかなか言いにくいと思われます。

触覚ばかりでなく、嗅覚も重要な要素です。鼻が詰まっていては、ほとんど味わいがしないということは普段経験することです。嗅覚は、何万種類の臭いをかぎ分けることができると言われます。ただ微分的な器官であるので、変化をかぎ分けることはできるのですが、持続的な刺激に対しては、すぐに麻痺してしまいます。

味覚を機能的に考えれば、口が同化吸収する際の入り口であるということが最重要な事柄となります。口は同化吸収するための入り口であり、そこにあるものが、自己の生命の存続にとって有益なのか有害なのかを瞬時に識別する器官なのです。外的感覚（視覚、聴覚、嗅覚、触覚、味覚）は、一つの機能としては生体維持の機能があります。危険度を察知する必要があるわけです。

この危険度としては、距離と緊急性はある程度対応しています。危険度を測る順番を距離の順に並べると、視覚、聴覚、嗅覚、触覚、味覚となるでしょう。遠距離相、近傍相、接触相と分けることもできるでしょうが、ここではその詳細に立ち入る必要はないでしょう。

アメリカの行動科学者であるＥ・Ｔ・ホール（一九一四〜二〇〇九年）はプロクセミクス（近接学）を提唱し、距離の使い方に関して文化比較を行って、距離におうじて、人間的関係がそこに反映し、そしてそれは文化や民族によって多様であり、そして分類可能であることを示しました。

ここでは近傍相を考える場合に、腕を伸ばして届く距離ということを考えていました。対人関係において、腕を伸ばして届く距離というのは、尺度と考えられます。もちろんのこと、ホールが示したのは、民族によって、その尺度となる距離は広がったり狭まったりするので、統一的な尺度は示せないということでした。そのように考えると、きわめて大ざっぱな目安しか示せません。近傍相とは、一メートル以内くらいと考えておいてよいでしょう。嗅覚は、もちろん腐敗臭や排泄臭の場合、かなり遠くまで拡散し、遠距離相においても機能することができます。しかしそういう激しいにおいはまれであり、多様で秩序を持った識別が可能な場合の方が普通であり、それは近傍相において機能すると思われます。

ここで特に考えたいのが、味覚なのです。接触相において機能するということを考えると、触覚と関連させて考える必要がでてきます。

味覚と触覚と嗅覚はきわめて密接に結びついています。砂をかむように味気ない、という言い方がありますが、砂まみれの寿司や焼きそばは食べたことのある人ならばすぐに分かるように、味気ないどころか、食べられたものではありません。

味覚の空間性

ここで、中世哲学から少し離れてしまいますが、味覚の有する哲学的問題に踏み込むために、精神医学者であるテレンバッハ（一九一四～一九九四年）の見解に少し入っておきましょう。味覚を哲学的に論じた著書が少ないなかで、テレンバッハは巧みに説明しています。「霊的味覚（gustus spiritualis）」ということは、中世において、特に一三世紀の前半においてしばしば論じられています。確かに味わいを感じ取る能力、甘さと苦さを識別する能力という論点は出てきますが、テレンバッハほど深い議論を展開できているわけではありません。テレンバッハは、肉体的感覚ということを超えて、味覚を論じています。そこでは、味（sapor）ということを、sapor に込められている広がり、つまり「風味、味わい」にまで拡張し、したがって gustus（味覚）ということをその語に含まれている「趣味」にまで拡張しうる概念の広がりを予示しています。

彼は『味と雰囲気』という名著において、味ということを味覚に限定して論じるのではなく、「雰囲気」と周辺的な環境と関連させながら論じます。悲しいことがあると、食べ物も砂をかむように味気なくなりますが、味もまた刺激に対して一対一に反応する受容器官ではないのです。

「雰囲気」というのは、物理的な空間のことではなく、人間的な空間、実存的な空間のことです。均質ではなく、「生きられた空間」、「延長した身体性」と言ってもよいものです。この延長した身体性は、いくぶん比喩的な面も多分にありますが、感覚的には身近なものです。たとえば、我が身のようにかわいがっている自動車が受けた傷を、思わず「痛い」と感じることです。もちろん、それは本来の意味での痛みとは異なります。身体が皮膚の内部に限定される存在ではないとしても、延長している側面は「身体イメージ」として外部に投射され、それが再受容されて、自分の身体に組み込まれる場合でしょう。愛車を傷つけられた人の怒りや苦しみを見れば、「痛み」をほとんど感じているとも言えるように思います。

雰囲気が、外部に客観的に存在するのではなく、しかも外部に投影された映像として存在するのでもなく、リアルなものとして存在するのは、それが主体と外部環境の間に相互作用（インタラクション）を持つ場合の方がはっきりしています。相互作用にとどまらず、フィードバック機構を有している場合を考えた方がよいでしょう。

この雰囲気が、心的な映像にとどまるのではなく、リアルなものとして組み込まれるためには、主体の側にあるものもまた、顕在的な認識作用が秩序化された近代的な意識ではなく、潜在性の次元や身体性を組み込んだものでなければなりません。この主体の側での身体性の契機として、「味わい」が存在するのではないか、というのがここでの見通しなのです。

テレンバッハの『味と雰囲気』においては、味覚に話が限定されていますが、事柄としては、嗅覚が近距離の臭いを感覚する器官であるとともに、味覚において接触する事物への近接的な感覚であること、そして、近距離感覚と接触感覚の側面が通底し、そして近距離感覚と他者との関係が通底している点が注目され、そこに議論の軸が置かれています。

他者との別れが、「苦い」というように、心理状態や他者との関係が味覚に影響を及ぼし、そして場合によっては、心理上の打撃や精神の障害が味覚を奪ってしまう場合もあります。

味覚は感覚的な刺激の弁別にとどまるのではなく、豊かな意味を備えているのです。テレンバッハによれば、諦めが苦く、許すことが甘く、苦労が酸っぱいとされます。そこには文化的な差異を想定することもできるのですが、概して類似しているように思われます。またいやでたまらないことはにおいと結びついています。ラテン語では、くさい（odor）と嫌悪（odium）は同じ語根から出ていると考えられます（テレンバッハ『味と雰囲気』）。

「くさい」ことは、身体的に避難することが求められるものであり、心理的に忌避されることへと転化するのはきわめて当然なのです。「くさい」ものからは逃げるべきなのです。「よい香り」というのが、身体的・精神的接近を誘導することは、もちろんありうるにしろ、「くさい」ことの忌避的効果に比較すれば、効果は弱いと思われます。性ホルモンは人類ではなきに等しく、香水がその効果を持つとしても、消費社会の宣伝によるところが過半を占めるように思われます。

嗅覚は、近距離の場面では回避すべき危険を示すのが主たる機能であり、その次に有益な食料の存在を示す機能があったと考えられます。だからこそ、「おいしい」という味覚と連合する感覚については、接近効果が大きいと思われるのです。

(a)　予備判定の感覚としての味覚

ものを食べる場合に、嗅ぐ人あるいは味わう人は、賛成か拒否のどちらかを決めるように、判断が迫られています。臭いについては近づくべきか離れるべきか、食べ物であれば飲み込むべきか吐き出すべきかの決定を迫るものです。これが、口腔感覚の最初の決定的な本質なのです。これは二項対立的であり、吐き出すか吐き出さないか、二つに一つしかありません。この場面では、味わいといった中間的な段階は関係ありません。

単細胞生物にしても、昆虫や特定の食べ物しか食べない動物にとって、食べられるか食べられないかを識別するのが味覚なのであって、それ以上のものではないのです。

(b) 距離のなさ

味覚においては、主観と客観の相互排反的な関係は成り立ちません。「臭覚および味覚の活動では主体はかおりと味のなかに現前する世界と溶け合うのである」（テレンバッハ『味と雰囲気』）と書かれています。外部のものが内部に侵入し、浸透してくるのです。外部にいる動物を捕獲すれば攻撃される危険を回避できますが、捕食するためのものですから、危険要因も含みます。それは異物の侵入であり、毒かもしれません。捕食するということは、危険性を否認することであり、しかも同時に外部への防御の停止状態にあります。食べているときは寝ているときと同じくらいに無防備な状態にあります。だからこそ、そこでは特別な内密性が現れます。口腔感覚は近さの感覚なのです。食べているときと寝ているときは襲われればすぐに殺されてしまいます。安全が確保されなければなりません。だからこそ、一緒に食べることは、親密性を伴うことであり、逆にまた共に食べることで親密性を形成することもできるということになります。

(c) 味わうことと嗅覚との相互性

味覚は甘い、塩辛い、酸っぱい、苦いという四つの味から構成されます。しかし味わいは多様で微妙でさまざまなグラデーションを有しています。このことはそこに嗅覚が関与しているからです。味覚というのは、嗅覚と一緒になって、多種多様な味わいを構成しているわけで、だからこそ料理が成り立ちます。嗅覚が失臭などの障害によって失われると、四つの基本的な味しか感じられなくなると言われます。調味料は四つで済むことになりかねません。ということは、味というのは味覚にはとどまらないのです。

臭覚に障害が生じると、要素主義的にしか味覚が働かないということは重要な論点となります。本来、味覚は要素主義的にあって、嗅覚や触覚がそれを修飾し、連続的なものにすると考えることもできますが、感覚ではなく、それを認識する機能において、カテゴリー化して、四つの要素として言語化していると考えることもできます。カテゴリーにおいては、現在の時点で吐き出すべきか吐き出さないかを決定するだけでなく、選好の度合いを付与し、食べるにきわめてふさわしいものとそれほどふさわしくないものを識別するための評価尺度を与える働きも重要になってくるのです。すると、味覚は未来のためにもあると考えられます。

(d)　臭いと雰囲気

味覚というのは、口に入ったものを吐き出すべきかそうしないかを瞬時に決める能力であり、暫定的な判断にとどめたり未決定のままにしておくことができません。中間が存在しないのです。しかし、距離が存在する場合は、模様を見るなど中間的な態度が可能となります。臭覚というのは、口に入ったものを識別する場合には、腐敗しているかどうかを識別するという瞬時的な機能に関わります。つまり、嗅覚は近距離にある事物の有益・有害を判定するのですが、その場合は、敵・味方に関する中間的な度合いが成立します。有害であるように見えるが、とりあえず遠くに離れ、本当に有害かを確かめるために観察するという場合です。テリトリー内部におけるセンサー機能としてあるのが嗅覚であると考えればよいでしょう。

ここでテリトリー（縄張り）ということを持ち出すのは、これは人間空間においては、「雰囲気」に対応するものと考えられます。人間以外の脊椎動物では、テリトリーは判然と存在するにしても、人間の場合は、集団生活を余儀なくされ、テリトリーをかならずしも維持できず、しかもテリトリー内部を精密に調べられるほどの嗅覚を失ってしまっています。嗅覚に基礎を有しながらも、その色合いをかなり失い、実存的な色彩を有するのが「雰囲気」でしょう。「雰囲気」ということは、テレンバッハによると、母親的なものを経験する中核であると言われます。母親的なものは臭いの中に発散されます。しかし重要なのは発散されるのは臭いだけではないということです。「雰囲気」も発散され、そして汲み取られてもいるのです。「われわれの感官のほとんどあらゆる経験のなかには「より以上のもの」があって、これは表現されずにとどまっている。現実の事実的なものを越えて存在しながらわれわれがそれとともに感じとるこの「より以上のもの」こそわれわれは雰囲気的なもの（das Atmosphärische）と呼ぶことができる」（テレンバッハ『味と雰囲気』）。香りは空中に広がり、こうして雰囲気の存在を私たちに洩らします。私たちは香りに気づくことによって、雰囲気に関与するのです。

人間的空間の構成と味覚

雰囲気と臭い・香りの関連について、テレンバッハの記述は美しく、精妙なものになっています。しかしながらこれを日本に当てはめるとそのままでは妥当しないような点があるように思われます。この雰囲気的なもののなかに親密さが含まれ、そこに母親の臭いと雰囲気を中核とするような現象があるというのはよいのですが、日本で親密さの中に臭いが構成要素として含まれているかとなると判然としないのです。

お香も使用されてきましたし、香道もあります。似たような概念として「気」もありますが、そこに構成要素として臭い・香りはほとんど含まれていないように思われます。湿度の高い地域では芳香は価値あるものとして認識されにくいということなのでしょうか。湿度の高さということと、農耕民族としての歴史とも関係があるように思われます。そして都市生活においても、臭いが発揮されるべき場面は多くはないと思われます。山の中で鳥獣や蛇の狩猟がなされていた頃、人々は獣や蛇の臭いをかぎ分けることができました。その日の朝、熊やまむしが通った跡がかぎ分けられたのです。もはやそういった嗅覚は機能してはいません。

味覚に話を戻しましょう。味わいというのは、すでに触れたように、要素的感覚の総和としてあるよりも、「より以上のもの」としてあります。この「より以上のもの」は、テレンバッハが雰囲気を語る場合に使用したキーフレーズです。全体は部分の総和ではなくて、部分の総和以上のものなのです。

この部分の総和以上であるということを、どう整理するのか簡単ではありませんが、感覚の中にある先行的読み込み機能というべきものを考えることも一法であると思われます。ものごとを瞬時に判断すべき場合、再吟味することはできませんので、あらかじめ先行的に予断を加え、その上で判断が加えられるということはありません。

視覚、聴覚、嗅覚で予備的に判断が加えられ、その上で最終審級として、味覚が登場し、有益／有害が判定されるわけです。味わいとは、その最終目的にたどり着く前に、その過程を秩序づける階梯のそれぞれに存在する指標を調整・配置（coordination）するものではないでしょうか。自然の目的論からは斜交《はすか》いに離れながらも、それに協調するものではあります。

★

テレンバッハの考察を基にして、味覚について少し見てみました。ここで示したかったのは、味覚は口蓋や舌に限定された触覚的直接的感覚には留まらないということです。認識論的味覚論や生理学的味覚論は、アリストテレスの『デ・アニマ』をはじめとして中世においても珍しいものではありません。しかし、抽象的な味覚論となると少ないのです。

霊的味覚論というのは、一二世紀の修道院神学のなかで発達したようです。オセールのギヨーム

（一一四〇／五〇～一二三一年）やオーヴェルニュのギヨーム（一一八〇年頃～一二四九年）などが発展させたと言われています。彼らは一三世紀の前半、パリ大学神学部が始まった頃に、神学について講じました。彼らは盛んに感覚的な比喩を用います。

オセールのギヨームによると、知恵とは神の認識というよりも、知覚（perceptio）のようなもので、経験的な仕方による霊的な味覚（gustus spiritualis per modum experientiae）になると言われます。「神は、肉体の味覚に蜂蜜が味わわせると同じように、心の味覚にも、知恵の妙味となる甘美さを引き起こします（Deus ipse facit et in palato animae dulcedinem quam saporat sapientia sicut ipsum mel in gustu materiali）」。

神のカリタス（愛）は、知的認識に味わいと情趣を加え、喜びの経験と霊的甘美さをもたらしてくれます。こういった認識は、経験的な知でも思弁的な知でもなく、情緒的な知（scientia affectiva）などとも呼ばれました。情緒（affectus）における事物の経験を通した知であるというのです。こういった認識は、ボナヴェントゥラによって経験的認識（cognitio Dei experimentalis）と呼ばれたり、トマス・アクィナスによって準経験的認識（quasi experimentalis cognitio）と呼ばれました。神的な事柄（divina）は経験によって味わわれるのであり、そしてこの味わいという契機がなければ、人々の心を動かさないということが重視されていました。一三世紀後半が主知主義と主意主義に分けられるのであれば、一三世紀前半は主情主義（affectivism）が主流だったと整理しても、それほど大きな間違いにはならないでしょう。

真理や存在は人間の心を引き寄せ動かすことは少なくて、感覚的な快こそが、人間の心を誘惑し、蠱惑《こわく》します。一三世紀後半において、主知主義的傾向が強くなると、霊的味覚の話題は減ってしまうようです。しかし、誘惑と蠱惑に関する図式はすでに一三世紀前半に重要視されていたのです。そして、対象の側の情念に働きかけて誘引する作用が、主意主義の枠組みにおいては、ハビトゥスへと定着していったのではないかと私は考えています。

中世における味覚論を整理したところで、つづいて第三章ではヨーロッパの食文化を支える「ワイン」と中世哲学の関係について考察していきましょう。

第三章　ワインの中の中世神学

ワインの文化は、ヨーロッパの中世において成立したと言えます。なぜ中世という時代だったのか、当時の修道院と深い関わりをもっているからなのです。厳格な修道院とワインがどうして結びつくのか、日本人の目からすると不思議に思われるでしょう。現在日本ではワインはとてもよく飲まれますが、ワイン文化が中世の修道院で形成されたという事実は案外知られていません。ワインの歴史を扱った文献を読んでみても、中世のワインに関する記述はあまり詳しくは記されません。

しかし、ワインの文化、ワインを通して現れてくる思想といったものに考えを巡らそうとするならば、中世の修道院に触れないわけにはいきません。なぜ一見無関係にも見えるワインと修道院が、そんなに強い結びつきをもっていたのか、その思想的な背景にあるスコラ哲学と関連させながら考えてみます。

フランスワインの産地として最も有名なボルドーとブルゴーニュ。代表的な赤ワインの産地であるボルドーに対してヌーヴォで毎年大騒ぎをするボージョレやシャブリを産出するブルゴーニュは白ワインの産地としてよく知られていますが、ロマネ・コンティやシャンベルタンという著名な赤ワインの産地でもあります。

ロマネ・コンティやシャンベルタンは、ブルゴーニュの北側に位置するコート・ド・ニュイ地区、通称コート・ドール（黄金の斜面）でつくられていますが、ここにはもう一つこれらのグラン・クリュのワインと肩を並べるワイン、クロ・ド・ヴージョがあります。ワインカタログにはたいてい載っている有名なワインですが、じつはこのクロ・ド・ヴージョこそ一二世紀に創設されたシトー会修道院の葡萄園でつくられたものなのです。

西洋中世で、ワインを日本における「お酒」と考えると誤ってしまいます。日本で「お酒」は本来神の飲み物で、神の時間である夕方以降、または祭りのときといった特別なときに飲まれる「ハレ」の飲み物でした。ヨーロッパでは、ワインは朝から飲まれる、水や紅茶と同じような飲み物だったのです。同じことは、イギリスやドイツのビールにも言えます。水道水や井戸水が飲用に適さない、長く飲みつづけると弊害が現れるということもありますし、お湯を沸かしてお茶を飲むことは、お湯を沸かす手間がありますし、お茶は中世では王侯貴族にしか手に入らない高級品でした。冬に水分をとろうとすると、スープやミルクが飲める人は子供（子供にワインやビールは与えられませんから）か恵まれた者であり、多くの人はワインとビールで冷たい食事をとるしかなかったのです。「お酒」の概念は日本とヨーロッパでは異なっているのです。ウィスキーといった蒸留酒は、酔うためまたは気付けのためのものですが、ワインとビールは日常の飲料です。蒸留酒は高価なものですが、ワインとビールは安く手に入れられる必要があります。日本では蒸留酒もワインもビールも全部お酒になっています。昼間から飲むと気が引けるようになっているのは、そういった文化的背景の違いがあるからです。

話を戻すと、クロ・ド・ヴージョは、当時国王およびローマ教皇に献上され、大変高い評判を得ていたと言われています。シトー会は、後に「蜜の流れる博士」と呼ばれたクレルヴォーの聖ベルナール（ベルナルドゥス）（一〇九〇～一一五三年）によって発展した修道院で、修道院の中でもひときわ厳格なことで有名でした。そのシトー会がワインと強く結びついていたのです。一般に修道院はワインと強く結びついています。王侯貴族も葡萄畑を有し、ワインを製造していました。教会や修道院でミサのときにはワインが必要になりますから、ワインは必需品でもあったのです。

シトー会は一二世紀に急速に成長しました。当時の人々の中には、急激に発展しつつあったシトー会に嫉妬する人がたくさんいましたが、その人たちの中にはフランス国王やあるいは教皇からシトー会が特別に優遇されていたのは、クロ・ド・ヴージョのせいにちがいないと信じる者もいたほどです。噂の真相に迫ると、教皇ホノリウス二世（在位一一二四～一一三〇年）が一一三〇年に亡くなった後、教皇が二人現れます。インノケンティウス二世（在位一一三〇～一一四三年）と対立教皇アナクレトゥス二世（在位一一三〇～一一三八年）です。教皇が二人いるということは中世では珍しいことではありませんでした。教皇を選ぶ権利があるのは枢機卿の職にあるもので、枢機卿が集まって教皇を選ぶ選挙である「コンクラーベ」をして教皇が選ばれます。コンクラーベが一箇所だけで開かれれば一人の教皇に決まりますが、コンクラーベが二箇所で開かれれば、教皇は二人になってしまいます。枢機卿を拉致して宮殿に幽閉し、まわりを軍隊で囲んで国王の意に沿う教皇を選ぶということも珍しいことではありませんでした。

ベルナールは、インノケンティウスを擁護し、勝利に貢献します。その結果、シトー会は厚遇されるようになります。一一四五年に教皇に選ばれたエウゲニウス三世（在位一一四五〜一一五三年）は、先にベルナールの弟子だった人物です。このように見ると、ワインが政治的栄達のための賄賂として機能したまでとは言えないのですが、ベルナールへの妬みの機会にはなるほどのものでしたし、実際に、クロ・ド・ヴージョの畑には、今でも国王用、教皇用と分けられて葡萄が栽培されています。それだけ中世においては評価されていたワインだったのです。

ヨーロッパ中世というと、キリスト教が支配する暗黒の時代と思われがちですが、ワインから見ればヨーロッパ中世こそワインの文化が発展した時期であり、事実ワインの生産量はこの中世時代に大幅に増加しました。発展史観というのは、後代の人びと、ヨーロッパにおいてはプロテスタントの歴史家に馴染む歴史観になりますが、その史観に基づくと中世は暗黒であって、近世に入って光が訪れ、「世界と人間」の発見であるルネサンスが到来し、その発展としての近世と近代というステロタイプが語られることになります。中世においても、じつは格差は現代以上に激烈に存在してはいましたが、豊かな食生活も存在していたことは記しておいてもよいでしょう。庶民と上流層の格差は一九世紀でも激烈ですし、今でも確固として残っています。歴史を見る場合、発展史観をとるよりも、「住めば都」史観をとった方が誤解は少ないと思われます。

飲み水としてのワイン

ワインは、古代ギリシア・ローマの時代から人々の暮らしに入り込んでいました。当時、地域的にはペルシアや中近東でも飲まれていたようですが、特に地中海文化圏ではワインはすでにかなり飲まれていました。アラビアでもワインはかなり生産されていました。イスラム教が広がるにつれて、ワインを好まない習慣が徐々に広がっていきますが、アラビアでもペルシアでもワインを飲む習慣がかなり広がっていたようです。たとえば、イスラムの哲学者・神学者・医学者として有名なアヴィセンナはワインが大好きだったことが知られています。

ところで、私たちは気楽にヨーロッパと言ってしまうのですが、ヨーロッパと地中海文化圏（ギリシア・ローマ）は区別しなければなりません。地中海文化はラテン民族が中心で、ギリシア、イタリア、南仏、北アフリカなどで発展しました。私たちが言うところのヨーロッパが成立したのは九世紀になってからです。ヨーロッパはゲルマン民族が中心ですし、このゲルマン民族は中央アジアの方から移動してきたのです。そして、八〇〇年にカール大帝（シャルルマーニュ）が西ローマ帝国の皇帝に戴冠しました。

いわゆるギリシア・ローマの文化がアルプスを越えて西ヨーロッパに入ってきたのがこの時代で、歴史学ではこの時期をカロリング・ルネサンス（カール大帝の文教政策にはじまる、八、九世紀の西ヨーロッパの学芸復興）と呼んでいます。このルネサンス以前には、アルプス以北には文化も文明もなかったわけです。つまり、ヨーロッパには古代は存在せず、中世から始まると言うことができるのです。カロリング・ルネサンスは、ワインにとってもルネサンスをもたらしました。この時代にワインもヨーロッパに入り込んできたからです。カール大帝本人はそんなに飲まなかったらしいのですが、葡萄の生育やワインの製造にはとても熱心だったと伝えられています。カール大帝は、葡萄の生育をヨーロッパの農業の基本に据えようと考えたようです。カール大帝の呼び掛けに応じて、この時期から教会や修道院は熱心にワイン文化の熟成に努めるようになりました。

カール大帝のワイン製造に関する功績はいろいろあります。たとえば、古代エジプト以来ワイン製造において裸足で果実を踏みつぶす作業が習慣的に行われていたのですが、カール大帝はこれを衛生的ではないと禁止しました。また、今日でもオーストリアやドイツの田舎に残っているシュトラスヴィルトシャフト（自分の家で製造したワインを直売する権利を認め、看板として葡萄の葉を用いる）という制度は、やはりカール大帝がつくりました。この結果ワイン製造者が直接ワインを販売することが可能になったわけです。

それまでヨーロッパ北部では葡萄は自生していませんでしたが、ライン川の本流北韓五〇度以北に葡萄園をつくることを勧めたのもカール大帝です。ライン川沿岸は、今では白ワインの産地として世界的に知れわたっていますが、その端緒をつくったのがカール大帝だったわけです。

中世においてワインがどれくらいつくられていたか、はっきりとした記録は残っていませんが、フランスからイギリスに輸出されたワインの量というのが統計として残っています。一四世紀の初頭、一三〇〇年前後の記録ですが、一〇万樽、一億リットルとありますから、ビンに換算しますと一億五〇〇〇万本くらいがフランスからイギリスに輸出されていたことになります。ワインの輸出を行っていたのは主にベネチアの商人たちで、きわめて大きな利益をあげたと言われています。統計を見る限りにおいて、一四世紀の初頭にワインが輸出入の要の一つであったことは確かです。中世の時代、ヨーロッパではワインがとても重要な意味をもっていたのです。

もう一つ興味深い例を紹介します。キリスト教には守護聖者というものがあります。マリア信仰と共にもっと身近な守護聖者というものを信仰の対象にすることが多かったわけですが、その中にワインを守護聖者とするものがたくさんありました。軽く見積もっても四、五〇人、狭い地方で聖者とされていたのを含めると七、八〇人におよびます。守護聖者が多いということは、一般民衆へのの定着の度合いがそれだけ密接だったということを示しています。普段の農作業の中で葡萄の生育とワインの製造がいかに重要な位置を占めていたか、この守護聖者の多さは物語っていると言えますし、人々の生活の中にワインが浸透していた証拠でもあります。また、守護聖者は基本的には民間信仰ですが、その背後には当然教会が控えているわけで、そういった守護聖者に対する人々の信仰を通して、教会もワインを肯定的に捉えていたことがわかります。

教会というものは単に魂の救済にのみ関心をもっていたわけではなく、一般民衆の生活というものを維持していくという面においても関わっていましたし、ワインの取引が商取引・貿易の基本をなしていたわけですから、ワインと関わりをもつことは当然と言えば当然のことで、なんら不思議なことではありません。問題は、むしろ修道院との関係です。修道院というのは、教会とはちがって説教は行わない、むしろ一般民衆と隔絶した世界でした。そうであるにもかかわらず、修道院の中にワインが深く根付いていたとすれば、とても面白い論点が出てくると思うのです。

一般に修道院というと、礼拝と労働、「祈り、そして働け（Ora et labora）」が中心となる空間です。つまり、孤独・瞑想の場であり、静謐に満ちた宗教空間です。ワインを大量に飲めば当然いかなる修道士も酔っ払うわけですから、ワインは修道院と関連が薄いものと考えられがちです。ところが、事実はまったく逆で、ワインは修道院にとって不可欠な日常品だったのです。最初に言いましたように、修道院はその中に広い葡萄園を所有し、葡萄を丹念に育生し、それをワインにして販売していました。ワインは修道院にとって重要な収入源でした。しかし、それだけではありません。修道士自身にとってもワインは必要だったのです。

既に触れたことですが、修道士の日常の飲み水は水ではなく、ワインでした。当時、水は飲み水として用いられることは少なく、一般民衆も水代わりにワインを飲んでいたわけで、修道士も例外ではありません。ワインは人々にとっても飲料だったのです。

さらにもう一つ理由があります。ワインはミサの聖餐式に必要です。日曜日やさまざまな祝日に修道院ではミサが執り行われたわけですが、そのミサの最後が聖餐式です。聖餐式に、パンとワインが必要だった。これについては後で述べます。

飲み水としてのワインについて、ここに資料が残っているので紹介しましょう。修道院にはさまざまな戒律がありました。修道士の日々の生活は、その戒律にもとづいて行われました。最も古いものでは「ベネディクト戒律」というのがあります。五三〇年頃につくられたものですが、とても厳しいものです。実際の多くの修道院では、もっと緩和された戒律が用いられていたようですが、いずれにしても「ベネディクト戒律」が基本になっていました。

この「ベネディクト戒律」の第四〇章に「飲み水について」という箇所があります。

しかし弱い者（infirmus）の短所を考慮して、一日一ヘミナのワインをもって十分と信じる。（四〇－三）

一方、禁酒に耐える力を神より授けられている者は、特別の報いが与えられるものと認識すべきである。（四〇－四）

もしも地理的条件、労働、夏の炎暑などのために、より多くの分量を必要とする場合、長上はこの点に関して自ら裁量する権限を有する。ただし、常に飲みすぎたり（satietas）、酔う（ebrietas）ことのないように気を配るべきである。（四〇－五）

酒は決して修道士の口にすべきものではないと記されているが、当代の修道士にこれを納得

させることは不可能であるから、少なくとも度を超えることなく、控え目に飲むことに同意する。（四〇－六）

四〇－三の「弱い者」とは、病人を示すこともあります。四〇－五の「長上」は、院長という意味です。つまり、基本的には酒は飲まない方がいい。しかし、禁酒を命ずることは困難なので、適度に飲む分にはいいとし、その判断はそれぞれの修道院の院長にまかせようということでした。要するに、当初から飲酒は黙認されていたわけです。いや、ワインは酒というよりも、常温で飲める主要な飲料だったのです。ちなみに一ヘミナは、古代では〇・二五リットル、中世になって単位が変わりまして〇・七五リットルです。ということは、一人一日ワイン一本が基準量とされていたということになります。一ヘミナは上限ではなく、標準ということですから、その運用は推して知るべしです。飲まない人もいるわけですから、好きな人は二本くらい飲んでいたのでしょう。最も厳しい「ベネディクト戒律」でさえこうですから、実際の修道院ではもっとずっとたくさん飲まれていたことが想像できます。

では、どういうふうに飲まれていたかということになると、「シャルトゥルーズ修道院戒律」（一一二一〜三二八年）という資料があります。一二世紀初頭のものですから、ちょうどシトー会の修道院と同じ時期のものです。それには、こんなことが書かれています。

ワインは昼食あるいは夕食の時以外には飲まない。

ワインの分量は、修室でも食堂でも同じものとする。そしていずれのところでも同じように水で割られる。なぜなら、われわれはワインをそのままで飲まないからである。

ワインを昼食や夕食時以外に飲まないことをわざわざ戒律にしているのは、当時、朝から飲んでいた修道士が少なからずいたからなのです。では、「修室でも食堂でも同じものとする」というのは何を戒めているのでしょうか。修道士は、基本的には他人とほとんど会話を交わさないで、一人瞑想に耽る生活をします。修道院に入ったばかりの修道士を「修練士（novitius）」と言いますが、たとえば、修練士は一人で修室に入って一年間くらいまったく外界と隔絶した生活を送ります。そうした孤独に耐えることも修道士の修行の一つですから。ということは、本来瞑想の場であるはずの修室においても、修道士はワインを飲んでいたということが、この資料から逆にわかってきます。それと、当時ワインを水で割って飲むことが珍しいことでなかったこともわかります。

次に飲む量ですが、ジャン・ヴェルドン『快楽の中世史』という本によれば、八三七年の九月一七日の祭日に、ルマンという都市の修道士たちは各自三・六リットル飲み、またポティオというスパイスと混ぜたワインを二リットル飲んだそうです。普段の日も同様によく飲んでいたようです。スワッソンでは、修道女のために祭事を行う二五人の修道士が、年間二五〇ミュイのワインを支給されたと言われています。これは、現在の量に換算すると一万七〇〇〇リットルにもなり、一日あたり実に一・九リットルも支給されていたことになります。むろん、それを全部受け取ったかどうかは分からないので、ほかへ配給されたり、お金代わりに使われたということもあったでしょうが、それにしてもかなりの量であることには変わりありません。

この本はほかの資料についてもいろいろ触れていて、「一四〇〇年頃、オーヴェルニュ伯とミューロルの領主ギヨームの宮廷の割当量は、一日に一人あたり平均二リットルである」とあります。女性もよくワインを飲んでいたようで、カンタルのトゥール修道院の続長マルグリット・ド・ラトゥールとその取り巻きの女性たちは、一日に四分の三リットル飲んでいたと記されています。また、一四二四年、アルル大司教の親しい友人たちは、「毎日一人あたり二・五リットルのワインを飲んでいたが、これは年間にすると九〇〇リットルにものぼる」云々……。

いずれにしても、修道院でありながらも、ワインの消費量に関しては相当な量だったということです。日本人はワインをお酒と考えてしまいますが、ヨーロッパにおいてワインはお酒ではない、と考えられていたのです。アルコールを分解する酵素（二種類あります）を持つ人口分布の違いにも依るのでしょう。日本ではハレとケを分かつ規準として、お酒があるかないかに置かれ、ハレの席ではお酒を無理強いする上司や先輩に事欠きませんし、それを是とする風潮気配が今でも残っています。このような倫理的評価の根底にあって、議論も及ばない風習のあり方を考えることは、倫理学の課題の一つであると言えます。ハレとケを分かつ規準は、日常生活の秩序を律する規範と重なり、正月や盆の日本人の行動を律する「文化的ハビトゥス」の最重要事なのです。憲法よりも強く人間の行動を律します。ワインをめぐる風習は、「ワインのごときで、大騒ぎするな」という日本人的独断を暴くものです。倫理が堅苦しい道徳的規範の垂範を目指すものであるとしたら、それはとんでもない誤解と言えます。お座敷に正座する姿を見て、そこだけに「人間の姿」を見ようとするのは奇妙です。人間はお座敷で正装してばかりいるわけではありません。

「二つの身体」と聖体拝領

当時の修道院において、ワインがよく飲まれていたというわけですが、クロ・ド・ヴージョの生産者であったシトー会について少し立ち入ってお話ししましょう。

最初に言いましたように、シトー会を発展させた立役者がクレルヴォーのベルナールです。当時の修道院の多くは、土地の寄進などを受けて富裕になり、美食に明け暮れ、「ベネディクト戒律」も守られないような腐敗した状態にありました。ベルナールは、当時唯一「ベネディクト戒律」を遵守していたシトー会に入会し、教会および修道院改革者として有名になりました。多くの説教を残し、聖人となったことは、最初に述べたとおりです。ベルナールが入会した当時、シトー会の修道院はブルゴーニュを中心に二〇程度しかありませんでした。しかし、ベルナールは、二五歳（一一一五年）という若さで大修道院長になるや、亡くなるまでの間に三五〇ほどの修道院を擁するまでにシトー会を拡大させることに成功したのです。ベルナールが大修道院長になっても、シトー会修道院ではよくワインは飲まれていたようです。ベルナール自身がワインをどのように捉えていたか、直接ワインについて書かれたものは残っていないのでわかりませんが、サン＝ティエリのギヨームに宛てた手紙の中にワインに触れた箇所があって、それを読むとベルナールの考えが少しわかります。サン＝ティエリのギヨームはクリュニー修道院の院長を務めた人ですが、クリュニー修道院も一一世紀における修道院改革のために登場した修道院で、その意味ではシトー会と同様の立場にありました。ただ、クリュニー修道院も一二世紀になるとかなり戒律が守られなくなり、それをベルナールは厳しく批判していました。

サン＝ティエリのギヨームは、そうした批判に対して、シトー会でもワインを飲んでいるではないかと反論しました。

それに対して、ベルナールは次のように述べています。少し長くなりますが引用します。

いまや誰もワインに水を混ぜて飲まない時代に、水を飲むことをどのようにして勧められようか。確かにわれわれは皆修道士であるために胃の病を患っていて、使徒がワインの摂取について正当な根拠をもって述べた勧告〔一テモ五－二三〕を顧みないではないが、使徒が前置きした「少し」ということばを見落としているのではないか。なぜなのだろう。われわれは水を混ぜないにしても、せめて一種類のワインで満足していればよいのに。このようなことを言うのも恥ずかしいが、このようなことをするのはもっと恥ずかしい。これを聞いて恥ずかしいと思うなら、それを改めるのを恥じてはならない。
あなたはたった一回の食事に半分ほどワインの入った杯が三、四種類出されているのを見かけるだろう。そしてあなたはさまざまなワインを飲むというより香りを堪能し、するというより舌で味わい、敏感な感覚とすばやい認識で多くのワインの中から、最も強いワインを一種類選ぶようになる。大祝日に、多くの修道院では蜂蜜を混ぜた香料の粉末が振りかけられたワインを飲む習慣が見られるのはなんといったものか。これも胃の病のためだというのだろうか。これらの習慣は皆私が見る限り、ワインをできる限りたくさん、おいしく飲むためのものである。しかし、飲んだ後血管は裂けんばかりに、頭は割れんばかりになって、食卓を立てば、もう寝る以外にすることがあるだろうか。しかしあなたが修道士に、この哀れな状態で暁課のために起きるように強いるなら、修道士から歌声ではなく嘆き声を聞くだろう。

（「ギヨーム修道院長への弁明」一一二五年）

この手紙から随分いろんなことが分かります。クリュニー修道院では、食事の時に何種類ものワインが出されていて、おかわりが自由であったこと、それから蜂蜜や香料を混ぜたものをよく飲んでいたことがこの手紙から推測されます。また、今で言うテイスティングも行われていたことをうかがわせる場面の描写もあります。修道士も二日酔いに苦しむことがよくあったことも分かります。シトー会では、この手紙から想像する限り食事の時に何種類ものワインを出すことや、また蜂蜜や香料を混ぜることも禁じられていたようです。「ベネディクト戒律」にもあるように、ワインは、病気の時にそれを癒やすための薬として飲むものであり、そうである以上おいしく飲む必要はないという考えが、シトー会の考えの底流にあったのではないかと思われます。

その「ベネディクト戒律」に従うと、修道院は自給自足が原則となります。しかし、実際には商業活動などはある程度行われていました。主要なものは羊毛の取引とワインの販売でした。スイスの有名なヴォー産のワインも当時のシトー会修道院の開発に負うものでしたし、ドイツ各地の葡萄栽培の拡大にシトー会の果たした役割はとても大きかったのです。もとより、フランスにおける葡萄栽培に対する修道院の貢献は、シトー会に限られるわけではなく、サンスやランス地方の修道院も葡萄栽培に関して、大きく貢献していたことが知られています。

シトー会は、フランス革命に至るまでフランスにおける良質のワインの生産者となりそれを維持してきました。最初はつつましく経営されていたようですが、その後五〇ヘクタールにまで拡大され、一五〇六年には、シトー会全体で一億六〇〇〇万リットルのワインが販売されたという記録が残されています。

このようにシトー会におけるワイン製造はきわめて有名でしたが、生産量が増大したのは、じつはベルナールの生きていた時代だったのです。こう見るとベルナール自身がワインの生産に力を注いだとしか考えられないのですが、残念ながらそれを裏付けるような文書は見つかっていません。修道士の堕落を引き起こしかねないワインというものに対して、なぜベルナールは積極的であったのか、増産できるような体制までつくろうとしたのか、はっきりした理由はわかりませんが、私はこんな推理をしています。

キリスト教のミサでは、ご存じのように最後に聖体拝領が行われます。現在ではお菓子とかキャンディなどを配ることも多いようですが、本来はタネなしパン、つまり酵母を加えていないパンと赤ワインが用いられます。これはキリストの肉と血を表すもので、聖書に記されたキリストの最後の晩餐を典拠としたものです。

パンと赤ワインは、ミサをつかさどる司祭の言葉によって、キリストの肉と血に実体変化するとされています。実体変化というのは、要するにパンはパンの性質を残したまま、葡萄酒は葡萄酒の性質を残したまま実体としてはキリストの肉と血に変化するという教義なのですが、それはまさに奇蹟によることであって信仰に拠らなければ理解できないことだろうと思います。実体変化は、まさしくカトリックの根本教義なのです。

この実体変化に関しては、一二一五年に第四回ラテラン公会議で神学的教義として一応確立するわけですが、当時からさまざまな議論の対象となってきたものです。いわゆる普遍論争における実在論の立場は、カトリックの正統的教義で、実体変化は肯定的に捉えられました。しかしオッカムなどの唯名論の立場、また宗教改革の時に出てきたプロテスタントの人々、カルヴァンやルターなどはこの実態変化という考えには否定的でした。少なくともキリスト教の根本に関わる事柄であって、非常に重要な問題を実体変化という考え方は孕《はら》んでいるのです。

ただ、ここではそういった神学上の困難については立ち入らないで話を進めましょう。重要なのは、聖体拝領を通して教会のメンバーがパンと赤ワイン、つまりキリストの肉と血を取り込むことで、キリストの一部になるということです。キリストは、もちろん単なる人間ではなく、神であると同時に人間であるわけで、キリストの肉体とは、人間の形をしている肉体に限られるのではなく、じつは教会全体が「キリスト教の神秘的な身体」であると考えられていました。つまり、キリストには、私たち人間と同じような「物質的身体」だけがあるのではなく、もう一つの「神秘的身体」をもっているという考えです。

この二つの身体のうち、前者の物質的な身体の方は、「死すべき身体」とされ、後者の神秘的な身体は、「不可視の身体」、「永遠の身体」とされました。この「二つの身体」は、ヨーロッパの政治思想上きわめて重要な役割を果たしています。特に後者は、政治的権威の連続性を論証する場合に用いられたり、幼い国王が戴冠した場合、王としての権威を維持するためにもち出されたりもします。これについてはカントロヴィッチの『王の二つの身体』に詳しく書かれていますが、いずれにせよそういった二つの身体のモチーフは、もとをたどればキリスト教の描く身体に込められていたわけです。

これが単なる思想としてではなく、いわゆる具体的な宗教上の儀式として確立したのが聖餐式なのです。つまり、パンと赤ワインをいただく聖体拝領は、「二つの身体」を象徴的に表す儀式なのです。キリスト教では、パン＝キリストの身体の一部、四肢（membra）をいただくことは、キリストの身体＝教会の一員（membra）になると考えられています。英語でメンバーというと「一員」の意味と「四肢、からだの一部」という二つの意味がありますが、その背景にはこういう理由があったのです。これは、ヨハネ福音書の「わたしの肉を食べ、わたしの血を飲む者は、いつもわたしの内におり、わたしもまたいつもその人の内にいる」（「ヨハネ」六－五六）を踏まえています。その意味は、カニバリズムを勧めているのではなく、また、食べる・飲むという肉体的行為の水準で話が進められているのでもなく、神と人間との救済契約の基本的枠組みが示されていて、それを概念的に示せば途方もなく話が長くなるから、簡単な行為として実現しようということなのです。南無阿弥陀仏の一言が大蔵経に値するように、パンを一切れいただくことが聖書全編や『ラテン教父大全（Patrologia latina）』に匹敵する功徳ある行為であることを示すべく、教義が構成されることは、宗教が特定の上級者の救済だけを目指すのではなく、庶民を普遍的に救済しようとするのであれば取るべき当然の道筋ではないでしょうか。

血が肉に命を与える、ある意味では生気を供給するものである以上、その聖餐式においてワインが重要視されるのは当然のことです。なぜなら、キリストの血を表す限りにおいて教会の一体性を象徴的に表すものであり、いうならば教会の成員全体から構成される「神秘的身体」を形成するゆえんにもなっているからです。ベルナールがワインを重要視したというのは、まさにこの一点にあると思われます。修道士が時に飲み過ぎて酩酊するという弊害をもちながらも、ワインがキリストの血を象徴し、聖餐式には不可欠なものであったということ。ある意味では、ヨーロッパの教会制度の統一性を左右するような根本的な材料でもあったことが、ベルナールをしてワインに向かわせたのでしょう。

教会制度というのはきわめてフィクショナルなものです。そういうフィクショナルな共同体を維持するためには、何か具体的なリアリティを与えなければならない。象徴的なものや抽象的なものは、やはり具体的なものの中に根がないと生き延びられないのではないでしょうか。抽象的なものは抽象的なままでは、死んだものなのです。ワインを飲むことはまさにそれをリアルなものとして実感する手段なのかもしれません。

ボヘミアのフスは、ミサにおいて、パンとワインが上流の人に与えられるのに、庶民にはパンしか与えられないことに抗議しました。たくさんワインをほしがる庶民に無駄金を使いたくないということもあったのでしょう。しかし、ミサは、ミサに加わる人びとに分け隔てなく、教会の一員としての地位を保証するための儀式です。身分による分け隔てなどあってはならないのです。フスのあまりにも当然の主張は、言いがかりをつけられることで異端とされました。その背景にあるのは、イギリスのウィクリフ(一三二〇年頃～一三八四年)の主張でした。

酩酊の神秘学

日本にも「依代《よりしろ》」という考え方があります。抽象的なものが、具体的なものを必要とする点では似ているところがあります。木とか岩とかに神様が憑く。神が降りてくるのは、そういった自然の事物には限りません。お酒を飲むことによって神様が各人に降りてくるという発想がありますが、宗教的儀礼とお酒の結びつきは案外万国共通かもしれません。

もっとも、ワインを飲むことがキリストの一部になるという考えは、そうした依代的というよりは、カニバリズム＝人肉食の伝統を踏まえているのではないか、という議論もあります。神と一体化するといっても、その方向が少しちがうかもしれません。特に日本の場合はいわゆる八百万の神ですから、神がいたる所にいるわけで、人間が神と一体になることはそれほど奇妙なことではないように思えます。

しかし、キリスト教の場合は、神は超越者の側面を強くもっています。いくらワインを飲んで神に近づき、その一部になるといっても、上下関係は絶対的でその関係はずっと維持されますから、やはり根本的な面で日本の場合とは、異なると考えるべきでしょう。

その点に関して、付け加えておかなければならないことがあります。酔うということをどう見るかということです。ベルナールはワインを容認したわけですが、酩酊に関してはやはり厳しい見方をしていたと言いました。しかし、この酩酊というのは、じつはある意味でベルナールの思想を考える時にかなり重要な意味をもってくるのです。

ベルナールは、「蜜の流れる博士」(Doctor Millifluus) と称されたと言いました。これは死後ローマ教皇の方から認定されるわけですが、生前どういうことを行ったのかということにもとづいて死後列聖されまして、名前が決まります。たとえば、盛期スコラ哲学における最大の神学者トマス・

アクィナスは「天使博士」（Doctor Angelicus）と言われましたし、フランシスコ会最大の神学者ドゥンス・スコトゥス（一二六五年頃〜一三〇八年）は「精妙博士」（Doctor Subtilis）と言われたように、死後名前が与えられるわけです。ベルナールがなぜ「蜜の流れる博士」と言われたのかというと、旧約聖書の「岩から蜜が流れ出てきた」という記述から取られているのです。これは岩のような無味乾燥なところから、非常に甘い愛に満ちた言葉がたくさん出てきたということで、ベルナールは、まさに愛に満ちた神との一体化を強く打ち出した思想を語ったからだと言われています。

ベルナールの思想は、花嫁神秘主義とも言われています。ベルナールは、花婿であるキリストに対して、信者は花嫁であり、その一体化をはっきりと述べ、その鍵となるのが愛であると言ったからです。

ただ、実際は第二回十字軍の呼び掛けをしたり、同時代の神学者アベラール（一〇七九〜一一四二／四四年）に論争を仕掛けたりと、かなり攻撃的な性格の人だったと言われています。ですから、「蜜の流れる博士」といっても穏やかで甘美な博士というわけではなく、あくまでも蜜の流れるような、あふれるような愛に満ちた言葉を語ったという意味です。

さて、ベルナールの思想が花嫁神秘主義と言われるゆえんである花婿、花嫁の一体化している状態を、ベルナール本人は、エブリエタス＝酩酊している状態だと述べています。本当に相手の中に一体化している状態、ダンテなどが語っている「至福直観」というものは、まさしく酩酊状態にあることです。神とまさにベールもないままに直接対面している状態なのです。ベルナールはこの至福直観を、単なる比喩としてではなく現実のこととして受け入れる方法で酩酊を考えていたように私には思えます。

酩酊は、確かに修道士の行う政務日課を忘れさせたり、欲望を増大させたりする原因ではあるけれども、自己というものから、つまり被造性というものから脱却していくきっかけになると考えていたのではないかという気がするのです。もちろんそういうことをはっきりと言っているわけではないのですが、ベルナールの言葉の中に数回酩酊をそういうふうに使っている箇所がありまして、そのような類推ができるだろうと思っているのです。いずれにせよエブリエタスということを、神秘的な体験の形容詞として用いた人は私の知る限りベルナールくらいです。

ベルナールの思想は、ある意味では異端的です。ただ、生きている時にはローマ教皇を凌ぐほどの絶大なる権力をもっていましたから、表面的にはそれを批判する者はいなかったようです。ましてや彼の一声で、第二回十字軍が招集されたように、ヨーロッパ全土を動かすくらいの力をもっていたわけですから。

では、そういう思想がどこからきているかというとなかなか難しいところがあります。ただ、少し強引な言い方をすれば、いわゆるディオニュソス的な思想が流れ込んでいるということは考えられないことではありません。キリスト教の神は、先程も言いましたように超越者ですから、人間の手に届くようなところにはいないというのが一応建前になっています。けれども、教父たちはその後の解釈の中で、神は人間の上に立って私たちを支配するというのではなく、むしろ人間の内部にあるという考えを出しました。典型的なのがアウグスティヌスで、いわゆる三位一体として神を捉えようとしたわけです。神は外に探し求められるものではなく、人間の内側に宿っているとアウグスティヌスは考え、神の三位一体を、人間の内にある記憶、知性、愛という三位一体として捉えることによって神を内面化したのです。

アウグスティヌスはなぜそう考えたかというと、プラトンのイデアのように被造物と切り離されたものとして神を捉えると、キリストが十字架であああいう死に方をしなければならなかったことを説明できなくなるからです。最も高いものが最も低い者として現れる。つまり、キリストのもっていた宗教的奇蹟というものが、まったく説明できなくなる。神が人間になったと言えば一言で終わりですが、最も崇高なものが最も卑しい形で現れる、卑しい形で現れる必要などないにもかかわらず卑しい形で現れた、まさしくポイントはここにあるというわけです。

人間は一人ひとり最も卑しい存在である。神が最も崇高なものであれば、両者は永遠に離れたままです。それが結びつく場面がある。まさしくキリストにおいてそれが実現したというわけです。キリストは生まれ方も卑しかったけれども、死ぬ時も最も卑しい死に方をした。極悪非道な罪人の刑罰をキリストは受けたわけですから。これはパラドクスとも見えますが、確かに崇高なものと卑俗なものが両立している。まさしくそこがポイントなのです。

今述べたように無限に離れたものが最も間近なものとして実現する、それを実現するのが酩酊という状態にほかならない、とベルナールはそう考えたのでしょう。先に述べたように、ベルナールでは、被造物＝花嫁、神＝花婿と捉えられ、そして花嫁が花婿に対する感情というものは、畏れに満ちているものとされます。しかし、一体化することによって、差異・落差は残りながらも同時に同じレベルに立つことをなんとか実現したい。そういうのが至福直観ということですが、その至福直観に至る一つの方法が酩酊ではないかと思うのです。どんどん酒を飲みなさいとは言わないまでも、ワインを飲むことによって少しでも離れた神に近づきたい。ベルナールはそれを思想的な面からバックアップしようとしたのではないかと思うのです。

ところで、ベルナールより少し後に生きたアッシジのフランシスコ（一一八二〜一二二六年）も同じ流れの中で捉えられます。彼は、崇高な者と卑しい者が両立することを身をもって実践した聖人の一人です。第二のキリストとまで言われたくらいです。フランシスコの思想を神学的に言うと、従順（オベディエンティア）と謙遜（フミリタス）という二つの言葉がキーワードになると思います。従順、これは、自分より目上の人の言ったことはかならず守り、それを維持しなければいけないという意味です。一見封建的な言葉のように聞こえますが、これはもう一つのキーワード、謙遜を実現するための方法です。謙遜は、またラテン語では卑しいことと同じ意味をもつ言葉でもあります。つまり、この従順と謙遜は、神であるキリストが人間になったこと――これは最大の謙遜です――を、自分もそういった者だと認識しそれに従うという意味になり、要するにこの二つの言葉はキリストをまねるということになるわけです。

おそらくフランシスコは、現世の秩序を維持するための原則としての従順、それと来世的な魂の救済に関わる原則としての謙遜、それがいわば交錯する、交感するところにキリストの意味を見出したのではないかと思うのです。先程言いましたように、ワインを飲むこともまたまったく別の次元を交錯させることであれば、ここで言う謙遜とワインは、ある意味で構造的な関連性をもっていると言えるかもしれません。

修道院とワイン。日本人にとっては結びつきにくい両者の関係が、じつは中世以来ヨーロッパ社会の底流でがっちりと手を結んでいたことに驚かれたかもしれません。ヨーロッパなどを旅するとあらためて実感することは、民衆の生活習慣の中に宗教が定着しているということです。キリストの十字架における死の意味がなんであるか、言葉にしなくとも彼らは分かっているように思えます。それくらいキリスト教というものが生活習慣の中に染み込んでいるわけです。それを神学として表現したものがスコラ哲学であり、スコラ神学です。

であるとすれば、ワインはまさに神学という抽象的な議論に、具体性を与えてくれるものであり、ある意味では、ワインは飲むことのできるスコラ哲学かもしれない、と私は思います。

第四章　神に酔う神学

人はなぜ酒を飲み、酔おうとするのでしょうか。この問いに答えるのは難しいでしょう。「酒を飲みたいから」では答えとは認められないとして、真面目に考えてもそういった行為は、行為自体のうちに目的があるのですから、「なぜ」という問いには答えにくいのです。

ここで考えたいのは、今の問いに答えることではありません。前章でワインとスコラ哲学の密接なつながりを論じたうえで本章で問題にするのは、酩酊の哲学（酩酊論）は可能なのか、ということです。もし可能であるとすると、酩酊論は、酩酊を事実のレベルで捉えることではありません。

酩酊の生理学、病理学、医学、精神医学、依存症の克服といったことはここでは問題ではないでしょう。酩酊が、権力の生成や政治に関わっている点が重要なのです。飲酒とは何よりも宗教的で神的な行為なのですから。飲酒は本来神的な行為と考えられていましたから、日本では基本的に神的時間である夕刻以降に行われます。反対に、普段昼間から酒を飲む人はろくでなしと見なされることになります。昼間から酒を飲んでよいのは、祭り、結婚式、葬式などに限られます。酩酊とはあくまで非日常性の象徴であり、日常性の中にそれを持ち込むのは反社会的な行為と考えられます。

日常性の秩序と非日常性の秩序は、基本的には反対であり、その両者から日々の生活は織り合わされています。その際、非日常性を招来することは、葬式、結婚式、正月、収穫祭、ほとんどすべての事例において、新しい日常性を開始するために設定されています。

ここで「祭り」から酩酊論を始めたいのは、祭りに酒がつきものということだけではありません。それは事実的な結びつきであるよりも、むしろ必然的な連結に基づくものと思われます。

さて、ここから酩酊論は始まります。

酩酊の宗教的性質

宗教現象の中心に「聖なるもの」がありますが、聖なるものとは、日常性から隔離されるべきものです。日常性が地域や文化によってさまざまである以上、聖なるものは、固有の性質があるのではなく、際立った差異によって区別されるものになります。聖なるものは、実体的なものではなく、日常生活において禁止によって示されるもの、否定的なものとして現れます（ロジェ・カイヨワ『人間と聖なるもの』）。

聖なるものに共通する一般的性質は、関係的に規定されるものですから、実質的にはないとも言えます。ここで重要になるのは、日常性からの差異なのです。これは酩酊論にも当てはまります。酩酊の形而上学が扱うのは、酩酊の生理学でも犯罪学でもなく、日常性からの差異によって形成される飲酒的境域の分析論なのです。

民俗学的に見ると、酒は、非日常性、特に宗教的儀式で飲まれるのが本来の姿でした。一般市民にまで酒が日常的に行き渡るようになったのは、近世に入ってからのことなのです。当初は、酒の原料がいつも手にはいるわけでもなく、発酵に適した時期も限られ、酒が出来上がっても保存方法もなく、運搬にも難儀したので、祝祭や神事の時期に合わせて、酒を醸し、その祝祭の時に酩酊するのが酒の飲み方でした。

その際の様式が「神人共食」というものです。神の降臨を願って、神と人が共食する、すなわち饗宴することなのです。「直会《なおらい》」とも言われますが、この言葉は、ナムリアイ、つまり食べ合いのことであり、「相嘗《あいなめ》」と言うこともできます。神が初めて食べるのが「新嘗《にいなめ》」であり、お互いに食べるのが「相嘗」ということになります。

神人共食における酒宴の要点は、「酒は飲むとも飲まれるべからず」ということではなく、まったく反対に、徹底して飲み、客が酔い倒れるまで飲む／飲ませることでした。酩酊者や泥酔者が何人も現れてきてこそ、酒宴と呼べるのです。洋の東西を問わずにこれが妥当とするか微妙ですが、古代ギリシアにおけるディオニュソス祭の狂躁を考えると、基本的枠組みとして想定することは可能でしょう。だから、人を酔わせる技術が求められ、歌謡などが酒宴の興として重視されたのです。

酒は、祭りにおいては、人と人とを結びつけるメディアでもあったのですが、何よりも神と人を結ぶメディアでした。酩酊した境地が神人合一のあかしと考えられました。その際、酔うとは「境界」、日常性と非日常性との境界、ハレとケの間の境界を越えることなのです。ほろ酔いでは、境界を越えたことにはなりません。酩酊して別人のようにならなければ、境界を越えることはできないと考えられていました。そして、別人になることは「脱我（ecstasis）」と表現してもよいのですが、神が中に入り込むこと＝神の中に入り込むこと（enthusiasm = en+theos+ism 熱狂）であり、神の来臨とも考えられたのです。

宗教儀礼と酒は密接な関係を有していました。飲酒によってもたらされる陶酔は、脱我・憑依と結びつけられてきたからです。現在飲酒を厳しく罪悪視するものとしては、イスラム世界と、キリスト教の中でもプロテスタント系の諸派がありますが、それ以外の宗教では、大酒はもちろん禁じられながら、許容しようとする傾向が見られます。そういった儀礼においてなぜ酒を飲むのか、理論化されることはなさそうです。酩酊論は別のところに求められるしかありません。

酩酊の思想史

酒が供されない祝祭というのは例外的なものと考えてよいでしょう。禁酒を命じる宗教圏以外では、祝祭に酒はつきもので、「百礼の会、酒に非《あら》ざれば行われず」（『漢書』）という言葉もあります。その際、神の飲みものが人間にも施されると捉えたり、天の美禄と考えられたりしました。西洋にも「ワインは神の賜（Vinum est donatio Dei）」というラテン語の格言もあります。

飲酒には厳しいとされるイスラム圏においても、酒を称讃する系譜があります。酒を現世における最高の快楽として、酒のすべてを詩によみこんだアブー・ヌワース（『アラブ飲酒詩選』塙治夫編訳、岩波文庫）や、美酒と美女への耽溺を謡うオマル・ハイヤーム（『ルバイヤート』小川亮作訳、岩波文庫）、スーフィズムによる神との神秘的融合状態を美酒による酩酊に準えるハーフィズ（『ハーフィズ詩集』黒柳恒男訳、平凡社東洋文庫）などが代表的です。

飲酒をとがめる人よ、いつ君は愚かになったのか？／私に別な忠告をした方が君には似つかわしい。／とがめる人に我々が従うくらいなら、アッラーに従っていたことだろう。／飲み友達よ、朝酒の盃をほし給え。そして、私にも注《つ》いでくれ給え。／私は世人に非難されると、ますます酒が欲しくなる。

（アブー・ヌワース『アラブ飲酒詩選』塙治夫編訳）

アブー・ヌワース（八、九世紀）は、アッバース朝時代に活躍した大詩人で、禁酒の戒が出されていた時代においても、飲酒の正当性を繰り返しました。

身の内に酒がなくては生きておれぬ、／葡萄酒がなくては身の重さにも堪えられぬ。／酒姫《サーキイ》がもう一杯と差し出す瞬間の／われは奴隷だ、それが忘れられぬ。

（オマル・ハイヤーム『ルバイヤート』小川亮作訳）

オマル・ハイヤーム（一〇四八年頃～一一三一年頃）は、アラビア科学を代表するペルシア人学者で、同時にこの世のはかなさを前にして、飲酒を称讃し、イスラムの禁酒の戒に激しく抵抗した人物です。

来たれ神秘主義者《スーフィー》よ、酒杯は鏡の如く澄む／紅玉《ルビー》の色をした美酒《うまざけ》の清らかさを視よ／帳《とばり》の内にある秘密を酔える遊蕩児《リンダーン》に問え／高い位の隠者にはこの状態《さま》が分らない／鳳凰はだれの獲物にもならない、網を解け／かなたで網にかかるのはいつも風だけ／世の宴《うたげ》では一、二杯を飲んで去れ

（ハーフィズ『ハーフィズ詩集』黒柳恒男訳）

ハーフィズ（一三二六年頃～一三九〇年）もペルシア人の神秘主義詩人です。当時、禁酒政策がとられたり、その後酒場が再開されるなど、紆余曲折を経た時代です。もちろん、イスラム教では現在禁酒ですが、神の酔える状態を、素面《しらふ》の酩酊と捉えれば、神秘的酩酊と言えるので、酒を題材にした詩集ですが、イスラム圏でもひろく愛唱されています。

アラビアとペルシアの飲酒詩人は、美酒に耽溺している様子を歌いあげますが、西洋になるとそのような飲酒礼讃は姿を消します。アラビアや地中海圏ではワインが豊富に生産されていましたが、前章で確認したとおり、アルプス以北のヨーロッパでは、日常的に飲まれていたとはいっても、大事な飲料として扱われていたからかもしれません。飲用に適した水がわき出る泉はどの地域でも貴重なものだったでしょう。

市井に限らず修道院などで酒は広く飲まれながらも、哲学的思索に馴染みにくいもののようで、酩酊の哲学的考察というのは、ほとんど皆無といってよいようです。酒を糾弾する哲学も、酒を讃美する哲学もあまり聞いたことがありません。酩酊を実践する哲学者はありふれていますが、酩酊を理論化する哲学者は僅少ということらしい。数少ない例外に、リッター&グリュンダー編『歴史的哲学辞典』（第一〇巻、一九九七年）があり、そこには「酩酊／素面」（Trunckenheit / Nüchternheit）という項目（H. Huehn 執筆）があります。残念ながら、執筆者も書きあぐねており、いくつかのトピックが断絶して取り上げられている程度です。プラトンのワイン讃美、初期教父の言説、近世以降ではニーチェとヘルダーリンが酩酊を讃美した、とあるくらいで、酩酊論の系譜を辿ることにはほど遠い記述なのですが、「素面の酩酊」への言及もあって、それはそれでなかなかおもしろいです。

アレクサンドリアのフィロン（前二〇年頃～前五〇年頃）が初めて、「人間における純粋に霊的な要素が神的本質と一体化することでのみ到達される」神秘的脱我状態を、「素面の酩酊」と呼んだといいます。この霊的酩酊は、エウセビオスといった初期キリスト教教父に受容され、アンブロシウス（三四〇年頃～三九七年）を経て、アウグスティヌスにおいては「素面の酩酊（sobria ebrietas)」、「霊的酩酊（ebritas spiritualis)」として定着したと言います。

この記述で扱われているのは「飲酒的酩酊」ではなく、あくまで「霊的酩酊」です。しかしここで飲酒的酩酊がモデルとして使用され、そのアナロジーとして「霊的酩酊」が語られているのです。「霊的酩酊」は、おそらく説教における効果を念頭に考え出されたのでしょう。それは酩酊がよく知られ、聞く人に快いものであって、だからそこから物質性を除去すれば、霊的なものになるという論法は人心に入り込みやすかったはずです。

この意味では酩酊はあくまで便法です。スーフィズムにしろ、初期キリスト教にしろ、目に見えるものを通じて、目に見えないものに至る道を基本とする以上、途中の箇所はいかに躓《つまず》きやすいところであろうと、許容されたということでしょう。

さて、霊的酩酊という概念がアウグスティヌスにあったということは、酩酊の糾弾だけが教父哲学、そしてスコラ哲学の基本路線ではなかったという仮説が見えてきます。ここでトマス・アクィナスの酩酊論を見ておきましょう。

トマス・アクィナスの酩酊論

現代の哲学書で酩酊を扱っているものはほとんどありませんが、近世初頭の哲学事典、神学事典を見ると、「酩酊（ebrietas）」という項目を収録しているものが少なくありません。酩酊とは理性に反する状態でありながら、日常的に見受けられるものである以上、中世から近世においても哲学的に基本的な問題であったわけです。酩酊の罪悪視は西欧では近代以降のことかもしれません。

そういった哲学事典の典拠の一つとして、トマス・アクィナス『神学大全』を挙げることができます。そこには、第二の二部において、「酩酊について」という問題が含まれ、酩酊論が堂々たる神学的議論として登場しています。

トマスは『神学大全』第二の二部第一五〇問において、第一項「酩酊は罪であるか」、第二項「酩酊は大罪であるか」、第三項「酩酊は罪の中で最悪のものであるか」、第四項「酩酊は罪を免れる根拠となるか」を扱っています。

ここでは第一から三項を中心に整理してみます。まず第一項では、「酩酊は罪であるか」について、酩酊は罪ではないという酒飲みの喜びそうな説がいくつか出されています。その一つに、すべての罪悪には矯正が必要であるが、飲酒に妥当しないというものが挙げられているのです。酒飲みから無理に、酒を取り上げると、凶暴になったりするということでしょう。

トマスは、これに対して、酩酊は二種類の理解の仕方が可能であるといいます。一つには、ワインを多量に飲み過ぎたことから生じる人間の欠点で、その結果は理性の統制を失うことを意味すると言います。この意味での酩酊は罪を意味するのではなく、過失（culpa）から生じる可罰的欠点（defectus poenalis）であると説明されています。第二の意味では、酩酊はこの欠点を習慣・ハビトゥスとして身につける行為を意味します。この行為は二つの仕方で酩酊を引き起こします。一つは、ワインが強すぎることで、飲酒者がそれに気づかない場合です。この場合、酩酊は罪無くして生じます。しかし、酩酊が過度の飲酒欲求と過度の飲用によって生じる場合、罪と見なされるべきです。というのも、七つの大罪の一つである、大食（gula）の一種と見なされるからです。

第二項において、トマスは「酩酊は小罪であるか大罪であるか」を論じていますが、この問題については、トマスは、アウグスティヌスの説教「酩酊が執拗に耽溺の対象となっているとき、それは大罪である」を引用しています。

これについてトマスは、酩酊の罪は、ワインの過度の飲用とワインへの過度の欲望からなり、これは三通りの仕方で生じると整理します。第一は、飲酒が過度で大酔に至ること（inebriare potens）を知らないで飲んでいる場合には、罪を免れた飲酒になります。

第二は、飲酒が過度であることを知りながら、大酔に至るとは知らない場合で、その場合は小罪となります。第三には、飲酒が過度で大酔に至ることを知りながら、飲酒を控えることなく、飲酒に溺れつづける場合です。このような人こそ、本来的な意味で酒飲み・酔漢（ebrius）となります。

倫理は一般に偶然に生じたり、意図せず起こったことに向けられるのではなく、直接的に意図されたことに向けられます。この意味では、酩酊は大罪となります。というのも、酒飲みは、自発的に酒を飲み結果を知りながら、理性の統制から逸脱しようとしたからなのです。

さらに第三項においては「酩酊は最も重い罪であるか」が論じられています。クリュソストモスは手厳しくこう述べています。「酩酊と肉欲ほど悪魔に気に入られるものはない。両者はあらゆる悪徳の母だからだ」とあります。また教皇教令集には、「聖職者は酩酊を何よりも避けるべきである。というのも、酩酊こそあらゆる悪徳の起源となり養うものだからである」とあります。

だが、トマスは、酩酊に対してはかなり寛容な態度を取っています。この点では、大グレゴリウスの「霊的悪徳は肉体的悪徳よりも悪しきものである。酩酊は肉体的悪徳である。したがって、酩酊は最大の罪ではない」という説を援用した上で、トマス自身は悪を、善を除去する点に注目して捉えます。神の善は人間の善より大きいものです。酩酊は人間の善に向けられたものですので、神に対して向けられる罪の方が酩酊よりも罪が重いと論じています。

順番が逆になりますが、トマスの酩酊寛容論は、第一四九問「素面について（De sobrietate）」の第三項「ワインの飲用は全面的に不正（illicitus）であるか」においても登場しています。トマスはこう述べます。いかなる食べ物も飲み物もそれ自体で考察される限り（secundum se consideratus）不正ではありません。したがってワインの飲用もそれ自体で不正ではなく、ただ、偶有的に（per accidens）に不正となります。つまり、（一）飲む人の状態に基づいて（少し飲んでも気分が悪くなる人＝下戸や、飲んではいけないワインに異常な欲求を持って拘泥する人＝病的人物）、（二）飲み方に基づいて（尺度を超えて飲む mensuram in bibendo excedere 場合）、（三）ほかの原因に基づいて（常軌を逸した行為に及ぶ scandalizari 場合）、不正となるというのです。ここにもカトリック的酩酊寛容論があります。人間を弱きものとして捉える根本的枠組みがあるから当然でもあります。

では、トマスの酩酊論を、日本的酩酊に当てはめるとき、それは不正なものとなるのでしょうか。

酩酊論の構図

ここで舞台を日本に移します。普遍的酩酊論は可能かもしれませんが、飲酒や酩酊の諸相は文化相対的だからです。近代以降、飲酒の世俗化が進み、日常性の中に酩酊が入り込み、飲酒に存在していた霊的性格が希薄になってしまいました。本来、祭りや神社のしるしとしてあった「赤ちょうちん」が庶民的飲み屋の目印になったのはその象徴的出来事なのです。赤提灯がほんらい宗教施設の目印であったことはいくら強調しても強調しすぎることはないでしょう。

酒が祭りの飲み物である以上、酒の飲み方は飲む以上はとことん飲むのが本来的な飲み方でした。当然酩酊したり、悪酔いしたり、泥酔したりすることは避けられませんが、それを許容する風潮がかつてはありました。だから「小間物屋」を道端で開いてしまう人はしばしば見受けられ、それを案外おおらかに見ていたのです。だが、昭和初期でもそういった光景は減りつつあることを柳田国男は、嘆き節を交えて記しています（柳田国男『木綿以前の事』）。

ほろ酔い加減で行儀よく酒を飲むというのは、神人共食に相応《ふさわ》しくありません。酩酊が公共の場から減少したということは、公共の場での飲酒が、宗教性や超越性を喪失しつつあることを意味するのかもしれません。酩酊すること、いや悪酔いすることは神の訪れとして歓迎され、そういう事態を引き起こすために宴会するというのが日本的風習として今でも残っています。宴会で羽目を外すことは、儀礼的に正しい行為なので、酔わないことは失礼な事態として忌み嫌われてしまいます。

酒が貴重であれば、酒は基本的に神の施しものでしたが、大量生産によって、人間の人間による人間のための生産が可能となると、飲酒は世俗的なものとなります。そして、酩酊する者は依然として存在するとしても、神との融合という側面は薄れ、単なる大飲に転じてしまいます。

本来、飲酒的酩酊は霊的酩酊の要素を幾分かは持っていたのに、近代的飲酒は霊的酩酊の側面を失い、単なる酒の過剰摂取になってしまいました。酩酊は、赤ちょうちんや深夜の自動販売機前やキッチンなどを舞台として、世俗的な世界で展開されるようになりました。キッチン・ドランカーになった主婦や、朝から焼酎を飲みつづける退職後の無職老人の問題も、よく話題になりました。これは世俗外酩酊から世俗内酩酊への転化ということもできます。

酩酊が神的行為である限り、日常的秩序の外部にあるものとして許容され、時には要請・促進されました。酩酊が世俗的になることは、酩酊が世俗内部において秩序を破壊する不作法な行為に転じることなのです。

ここで酩酊を求める戦略は二つに分かれます。酩酊に祭り的性格を再生し、酒を飲むたびに祭りのように振る舞うか、恥ずべき行為として人目を避けて飲むか、というようにです。

祭りの時間以外に祭りを設定することは瀆神的行為であり、顰蹙《ひんしゅく》を買います。隠れて飲むのも誉められたことではありません。すると、酩酊は近代化とともに正統性を失ってしまったということかもしれません。その結果、露呈するのは、飲酒の自己目的的性格となるのです。

自己目的性を有する行為（自己目的的行為）は、嗜癖（addiction）に陥りやすいのです。結果を求めるのではなく、結果を求める行為そのものに執着してしまうのです。飲んだ結果よりも飲んでいること自体を求めてしまうわけです。おいしいから飲むのではなく、飲みたいから飲む、という構造がそこには見られます。

自己目的的行為は、行為の外部に目的を有する行為（合目的的行為）、つまり一般には「仕事」と呼ばれる行為、また「役に立つ・有用」と見なされる行為と対照的です。学校、社会、世間は合目的的行為といえます。

自己目的行為は、有用性や効率に支配される日常性とは区別されるものであるがゆえに、「聖なるもの」にもなりうるのです。だが同時に、嗜癖と構造的に結びつきやすいのです。嗜癖は、フィードバック（ネガティブ・フィードバック）によって制御することが、時として困難になります。

トマス・アクィナスが七つの大罪において示したのは、制御も修正も効かない嗜癖の害悪でした。祭りの酩酊は、祭りの時期が過ぎれば誰もが控えますが、日常生活の中に巣くった酩酊は、終わりも尺度もない酩酊となりかねません。

酩酊が悪であるのは、酒がそれ自体で悪だからではなく、他の事柄によって偶有的に悪となるからです。特に飲み方が大事なのですが、本人の意志によって酩酊したのであれば、それは七つの大罪の一つ「大食」に含まれることになります。しかし、飲みたくはなかったのだが、主人に無理強いされ、歌舞音曲に唆《そそのか》されて、酩酊するのが本来的な酩酊であるとすれば、トマスの酩酊寛容論は、日本的酩酊をも許容しているように思われます。ただトマスの酩酊論を日本の飲酒文化に適用した議論は今後さらに検討する必要があると思われます。

酩酊を不真面目な事象として切り捨てるわけにはいかないと思います。人間を未来に引き寄せる動因は、概念ではなく、感じることと欲望なのです。両者を持たない者は死んだ者であり、人間世界に属してはいません。未来に誘惑する力を付与するのは「感じること」であり、それを受け入れる器がハビトゥスだと私は思っています。

II　ハビトゥスから神秘主義へ

第五章　ハビトゥスの形而上学

中世哲学を考える場合、私はハビトゥスこそ中心に来ると考えています。ハビトゥスの基体として身体が不可欠であり、その論点を探るために『天使の記号学』（岩波書店、二〇〇一年）を書いたことがあります。

ハビトゥスに注目した人物としては社会学者のピエール・ブルデュー（一九三〇〜二〇〇二年）もいました。もう少し遡るとプラグマティズムの元祖として有名なチャールズ・サンダース・パース（一八三九〜一九一四年）もそうです。彼は中世スコラ哲学を熱心に研究した人です。当時、彼の中世哲学、特にドゥンス・スコトゥス（一二六五年頃〜一三〇八年）のリアリズム（実在論）への傾倒は理解されませんでしたが、時代を先駆けたというよりも、遅く生まれてきた中世人として彼の思想は特異な光を放っています。彼は「哲学の用語は可能な限りスコラ哲学を模範にして作られるべきである」（パース『連続性の哲学』伊藤邦武編訳、岩波文庫）と言いました。そして、宇宙の全作用を一個の原理に還元したいという野心のもとで、それをハビトゥス（習慣）と捉えていました。一般法則と一般観念の形成、進化とハビトゥスとを結びつけながら、ハビトゥス一元論を打ち立てたのです。

私もハビトゥス一元論の立場なのですが、パースの思想は模範とすべき「普遍的ハビトゥス一元論(Panhexiologism)」というものになっています。

中世におけるハビトゥスは、アリストテレス『ニコマコス倫理学』の枠組みを踏まえ、そこに信仰・希望・愛という神学的徳が加わり、多少込み入った枠組みにおいて展開されます。以下のところでは、中世における、やや込み入った徳論、ハビトゥス論ではなく、概略的にハビトゥスについて考えていきます。重要なのは、感覚とハビトゥスがいかに関わっているのかということです。

覚えること、創造すること

「覚える」ことというと、「勉強」の重圧に喘いだ記憶が生々しい人にとっては、味気ない事柄の暗記を思い出すのではないでしょうか。「暗記する」ということは、受動的で、強制的な感じがします。暗記する苦しみを楽しむ奇特な人も存在するようですが、それ以外の普通の人にとっては、百人一首を意味もわからず丸暗記させられるとき、苦しい感じはしなかったでしょうか。

考えてみると、「丸暗記」という場合の「丸」というのは、「内容の理解は抜きにして、そっくりそのまま」という意味です。オウムや九官鳥が人間の言葉を覚えるのと同じことです。暗記教育の弊害ということが語られてきました。確かに、無意味な暗記教育を通ってきた人も少なくないでしょう。私が高校の時に習った先生は、コンサイス英和辞典を毎日二頁ずつ暗記して、食べていったと言っていました。頁を食べてしまえば、見ることはできなくなりますが、もし消化されれば、知識も栄養も「身に付く」ことになります。食糧難の時代でもあったといいますから、食料にもなる辞書というのはとても重宝するということもできます。しかしながら、紙は消化されませんし、暗記のメカニズムから言っても、食べる前の一日間何度か反復しても、長期記憶にはなりにくいと思います。

ここで〈創造する〉ことの秘訣などということは語れそうにもありません。あらかじめ述べておきますと、〈覚えること〉はたぶん受動的なことにとどまるものではなく、新たなものを創造するための、必要条件だということです。

「新たなもの」といっても、自然科学における新発見のことではありません。新しさと言ってもせいぜい、朝になって毎日目覚めるとき、昨日と同様の凡庸な一日が繰り返されるのではなく、新たなものが付け加わってくるという程度のことでしかないのです。それはちっぽけなことです。だが、もしそこに何も新しさを感じられないとしたら、生きていくことは苦痛以外の何ものでもありません。私はそう思います。ここで考えている「創造」とはそういった小さな創造のことなのです。

技と藝

落語を聞きに寄席に行ったことがあるでしょうか。落語は、是非とも将来に残したい日本の話芸です。落語家というと、前座、二つめ、真打ちと出世していきます。そして、寄席で最初に出てくるのが前座です。前座と言いますと入門したてで、ネタを一生懸命暗記してきたのが、垣間見える感じがします。「がんばっているな」とは思うのですが、お腹を抱えて笑うことはしにくいことが多いのです。

真打ちとなりますと、最後に出てきます。彼らは、何を話すかは、その日の出し物と重ならないもので、しかも客の顔を見てから決めるといいます。寄席というのは、落語家が「枕」ばかりか、出し物をその場になってから決めるのです。また、客の「のり」がよくなければ、落語家も話に乗れません。その意味では、落語も双方向的な演じものです。

真打ちは、人にもよりますが、最初の一言を話し出しただけで、客席から笑いが起きます。「空き地に垣根ができたんだってねえ、へえー」というダジャレでも笑いが起きます。うまいとか技術ではなく、何気ないせりふと仕草が笑いを引き起こすのです。

ここで落語の話を出したのは、「技」と「藝」（この字を「芸」と書いてはいけないと注意されます。「芸」は「うん」と読む字で別字なのです）の違いを考えてほしいからです。前座と真打ちがあれほど違う理由を考えると、どうも、前座さんたちは「技」を学ぼうとするが、真打ちのなかには、「技」というより、その人に根付いている「藝」で笑わせるということもあるのかもしれません。

とはいいながら、「技」と「藝」との厳密な使い分けができるかは微妙です。それぞれ用法も実に多様ですし、受け取り方も人によって違いがありそうです。ここではとりあえず、「技」ということで、武道や相撲などで相手に仕掛ける一定の型の動作と考えておきましょう。「わざ」ということは、「業《わざ》」と「技《わざ》」と書き分けることで少し違いがでてきます。「業」というと、仕事、しわざ、出来事、手段などを表しますが、どうも「わざ」の原義が「こめられている神意」ということであって、その神意が具体的なものとして現れているということによるものと思われます。しかも、どうもその表面に現れて、目に見える側面が「業」ということと考えられます。

「技」は、その「業」の目に見える側面を強調しているように解釈できますが、稽古と練習によって、身に付く身体的、物理的な運動の型なのです。反復の練習によって、覚え込む型が「技」ということでしょう。

ピアノやヴァイオリンといった楽器の練習について、「技」とは言わないけれど、同じような機能を見出すことができます。理想となる完成形態が一つしかないということではないでしょうが、多くの場合、師匠・先生・指導者がいて、その指導の下に、理想的モデルに接近していくことが「技」のあり方ということになります。この点で、「技」とは模倣であり、理想に向かって「上達」していくことが可能ということになります。

ところで、「藝」の方はどうでしょうか。「藝能」「藝術」「藝道」などという場合、練習・稽古ということが大事ですし、「藝の実力を向上させる」ということはあるのですが、「藝がうまい」とかいう言い方はそれほど使われないと思います。

藝能というのは、一つ一つの技を示すのではなく、映画・演劇・舞踊・音楽といったそれぞれのジャンルにおける「技」の総体、そしていろいろなジャンルにまたがるものとなるでしょう。「藝」

というのは「道」なのではないでしょうか。

日本には「藝道論」というのがありますが、その内実に踏み込む余裕はありません。「技」と「藝」が近接しながらも、かなり異なった特質を持っていることが確認できればよいのです。練習を重ねることで「技」は上達するが、「藝が上がる」ということはあまりなさそうです。練習を重ねないと「技」は上達しないし、「技」がなくて、「藝」の達人ということはなさそうですが、「藝」というのは積立預金のようなものではありません。

どうも「藝」が模倣できないもので、「藝」を獲得することは練習量とかならずしも比例しているわけでもないのは、「藝」が個性的なものであるためかもしれません。「技」は盗めても「藝」を盗むのは難しいということです。

落語家の中には「フラ」があると言われる人がいます。持って生まれた愛嬌のことを「フラ」と言い、「天然」などとも言われます。これは、模倣できないものです。「フラ」のままでは「藝」になりませんが、結びついて独自の面白さを醸成することもあると思われます。

修辞と記憶

「藝」とは何か、と概念を定義しようとすると難しくなります。英語では art と訳すところでしょう。ラテン語には ars というのがあります。複数形が artes であり、「自由な」という形容詞を付すると artes liberales（自由学芸）となります。また、ars は「技藝」とも訳されます。技術でも藝術でもあるからです。

ここでは、「技」と「藝」を対比させて考えています。対比的に設定されることの少ない概念対をあえて対照的に捉えようと試みているのですが、これは「覚えること、暗記すること」が「創造」に飛躍することとなる所以《ゆえん》がどこにあるのか見定めたいからなのです。

ars を論じる視点も実にさまざまに設定できますが、ここでは記憶（memoria）を明確に契機として含むものとして、修辞学（rhetorica）を取り上げてみましょう。「修辞学」は「弁論術」とも訳されます。「弁論術」は針小棒大なる誇張法、「修辞学」と言えば過剰な美文趣味への連想を招きかねないところもあって、いずれにしても評判の芳しい分野ではありません。話の内容ではなく、外形を整え、修飾する技術と見なされるためでしょう。

ともかく、修辞学は、キケロによると、発見（発想）、配置、文体（詞姿《しし》）、記憶、発表（講演法）という五つの部門を含んでいるといいます。

発見（inventio）といっても、自然科学で見られるような新事実の発見ということではなく、議論の対象となる事柄を発見・着想することです。

配置（dispositio）は、文の「結構」という言い方もあります。話題をどのように配列するかであり、日本で言えば「序破急」「起承転結」というものがあります。

配置には実にさまざまなものが考えられますが、西洋、特に近世に入ってからは、公理、命題、三段論法、方法と結びつけて考えられました。秩序・順序（ordo）に関わる分野ということもできます。

文体（stylus）も多様な概念です。芳賀矢一・杉谷代水編『作文講話及び文範』（明治四五年）によりますと、文体には、簡約、蔓衍《まんえん》、剛健、優柔《ゆうじゅう》、乾燥、華麗、素樸《そぼく》、巧緻の八文体があるといいます。もちろん、他にもさまざまな文体があります。ここでいう文体とは、書き表し方、文の調子なのですが、「文は人なり」という場合の「文」は stylus なのです。つまり、「文は人なり」（元々はフランス語で Le style est l'homme même.）という場合、じつは「文体はその人を表す」ということが語られていました。

詞姿《しし》（figura）は、「詞藻、辞品、文彩」とも言われます。文の具体的な姿のことなのです。具体的には、直喩、隠喩、提喩、換喩、対句、反語等々といったもので、文体が文章全体に関わるとすれば、詞姿の方が、個々の文や、かなり小さい単位に関わります。修辞学の第三分野は、文体だったり詞姿だったりしますが、いずれにしても、文の姿、ひいては、文の美しさに関わるのです。

記憶（memoria）というのは、発見された話題を適切に配置し、美しく姿を整えられた内容を暗記することです。修辞学は、基本的に「声の文化」における技法ですから、声で表現せざるをえない場面を想定しています。原稿を読み上げるのでは効果が少なくなります。文字を大量に即座に安価に書き残すことはできなかった時代において、人間の記憶は、記憶装置として最も優れたものであり、文書による記録よりも信憑性を持っていました。それ以外の記憶装置には、文字として書き残すことはありましたが、データの加工、検索、可塑性となると、人間の記憶にかなうものではありません。

活版印刷術の登場によって、「文字の文化」が主流になるにつれ、記憶の位置は当然低下せざるをえませんでした。これはメディアの発達様式を考えると、不可避の趨勢と言えます。「声の文化」はもともと声がそれほど遠くまで届くメディアではない以上、対面的に（face to face）ある程度双方向的に設定される場面で真価を発揮してきました。口誦文化、たとえば浪曲、落語といったものはそういうものに数えられます。マス・メディアに乗っても、その特質を失わない技法であれば、文字の文化においては繁栄しにくいとしても、電子メディア（ラジオ、テレビ、ビデオ、映画、インターネット）の時代であれば、繁栄することができると考えられます。

修辞学・弁論術が近傍空間を制御する技法であるとすれば、そういった技法は時代遅れになりますし、それに記憶が寄生しているとすれば、重要性は見失われやすくなります。しかし、記憶が文の「身体性」に密接に結びつくものだとすれば、話は変わってきます。

記憶については改めて戻ってくることにして、講演法・話術（actio）、演述・発声（pronuntiatio）に触れておきましょう。せっかく、素晴らしい話を暗記しても、話し方が下手であったり、発音が悪くて聞き取りにくいようでは、苦労が水の泡となります。どう話をするかが大事なのです。心がこもっていれば、話し方が下手でも心は伝わるということも聞いたりしますが、そうはいかないようです。

マレービアン（Albert Mehrabian）という心理学者によると、対話的コミュニケーションにおいて、相手が自分に好意を持っているかどうかの判断に寄与する割合は、話の内容・メッセージという言語コミュニケーションが七パーセント、パラ言語（声色、声の大きさ、アクセント、発音、イントネーションなど）が三八パーセント、身体言語（身振り、表情、姿勢）が五五パーセントであったといいます。この数字は、対人的コミュニケーションにおいても特に限定された側面、ここでは情緒面での効果に着目したもので、認知的なものであれば割合は大きく変動してくるでしょう。そして、この数字の精度がどの程度のものか疑問を挟むことはできますが、対人コミュニケーションにおいて、パラ言語と身体言語といういわゆる非言語コミュニケーション（Non Verbal Communication＝ＮＶＣ）がきわめて大きいということを疑うことはできません。私たちは日常生活において話の内容を理解できても、どうしても賛成しかねるとか、虫が好かないとか、そういうことがあります。愛憎、好悪といった情緒的な面は、言語コミュニケーションよりは、ＮＶＣにおいて伝わることが多いようなのです。

〈ふり〉と〈ならい〉としての私

ここで、修辞学の講演法・話術に話を戻すと、この講演法・話術（おそらく「話しぶり」と言った方が語感としてはよさそうですが）は、ＮＶＣの技法に関わるものなのです。ということは、「話」の「ふり」としての「話しぶり」は、振る舞い・挙措において「ふり」がどのような契機なのかを暗示してくれます。坂部恵は次のように記しています。

日常的通念において通常理解されがちなように、まず、〈ふるまい〉があって、そのいわば二次的再現として〈ふり〉があるのではなく、まったく反対に、時間的順序というよりはむしろ事柄の本質に即していえば、むしろまさに〈ふり〉というより基底的な成層ないし構成契機があって、その上にはじめて〈ふるまい〉が〈ふるまい〉として日常生活の表層で構成・統御可能となる……。

（坂部恵『〈ふるまい〉の詩学』）

〈ふり〉というのは、「恋人のふりをする」という例からも明らかなように、模倣的再現です。上記の引用に見られる坂部の主張によると、〈ふり〉が〈ふるまい〉よりも基底的であるというのは、他者へのふるまいの根底には「自己模倣」があるということになります。「自己模倣」というのは不思議な概念です。「自己模倣」などということはそもそも成立するのでしょうか。

ここで、「ならい（＝習慣）」ということを考えてみましょう。「ならい」とは語源的には「なる」という動詞に反復・継続の助動詞「ふ」が付いて名詞化したものと考えられます（なる＋ふ→ならふ→ならひ→ならい）。やはり、この「ふ」が付き名詞化したものを並べてみるとその名詞に込められた出来事の相が見えてきます。たとえば、「うつろい」、「かたらい」、「すまい」、「たたずまい」、「やまい」、「まじらい」などです。

既に述べたように、ならい・習慣はラテン語でハビトゥス（habitus）と言います。ハビトゥスとは日本語で言う習慣よりも奥行きのある言葉で、身体や精神を座としてそこに根付き、消滅しがたく備わっている能力のことであり、行為を結果として直接生み出す基体なのです。

つまり、ハビトゥスとは、不動の同一性を有するとは言えないとしても、「己を持する（se habere）」ための能力と言うこともできます。ハビトゥスとは語源 habere（持つ）の受動分詞ではなく（この意味での habitus は「所有されたもの」ということで「衣服」の意味になります）、se habere という再帰動詞の受動分詞なのです。ハビトゥスとは、己を持する能力、したがって「己＝身」を持することにつながる能力なのです。ということは、ハビトゥスこそ「人となり（個性）」を培う基盤になるのではないでしょうか。

ハビトゥスに関してここで確認したい論点とは以下のことです。

もろもろの〈ならい〉hexis は、元来、こうした、〈ふり〉による、力動的な学習、編成、改編のくり返しを通して、形成、蓄積、伝達、沈殿されると考えられる。

（坂部恵『〈ふるまい〉の詩学』）

「私」ということは、もしそれを霊的な実体として捉えたいのであれば話は別ですが、ハビトゥスであると言うことができるでしょう。反復学習によって沈殿し、表に現れつづけているもの、人となりとしてそこに常に現前化し、現実化しているもの、〈体〉によって覆われ隠されている「私」ではなくて、肉体を座としてそこに現在化し、安定した行動の「型」の中で、緩やかな同一性を保ちつづけ、反復されつづけるものが「私」であるとすれば、それが「ハビトゥス」の一種であることは当然のことでしょう。私は「私」とは、精神でも肉体で脳でも関係でもなく、「ハビトゥス」であると考えたいのです。

修辞学においては、発見、配置、文体・詞姿、記憶、講演法という五つの契機が含まれていることを先に見ました。修辞学ということも、記憶ということも、近世以降の〈文字の文化〉、そして現在の電子メディアの時代においては、閑却されがちです。英単語を暗記することなく、携帯している電子辞書やスマートフォンで間に合う時代であれば、それどころか将来的には同時通訳ロボットが開発されるとすれば、覚えること・暗記することはさらに閑却されるかもしれません。

暗記とは、五感をできるだけ使った方が効果的であると言われます。暗記とは基本的に身体的な作業なのです。修辞学もまた、メッセージという内容・コンテンツよりも、それをどう表示するのか、といういわばメディアの身体性に関わる技法でありました。

コミュニケーションの効果において、言語コミュニケーションやメッセージよりも、NVC（非言語コミュニケーション）の方が大きな効果があるということは、やはり身体性の機能の大きさにつながってくるはずです。

創造と〈享受〉

ここで、落語の話に戻りましょう。「藝を磨く」ということがあります。一生懸命、落語を覚え、名人の仕草と声色をまねながらも、なかなか笑いがとれない人もいます。完全に昔の名人のコピーとなれば、昔の名人が笑わせたとすれば、今度も笑いがとれるかというとどうもそれは難しいようです。

エキスパート・達人とは何かという場合に、法則・基本を完全に習熟し、習熟の度を進めて、忘却してしまったのが達人であるという説明がありました。法則・規則を完全に習熟しているだけでは、上級者であって、それを超えて達人に達すると、達人は、法則や規則が適用できない、想定外の状況でも、新たに法則を見出してしまう、いや通常の場合でも、それまで誰も思いつかなかった法則を発見してしまう、ということなのです。

私たちは日本語や自転車や水泳などの達人であったりしますが、そういう場合、身体や動作に何の抵抗も感じることなく、型や規則の存在も忘れています。適用が順調にいっているとき、型や規則や身体や道具は忘却されています。剣道するときに、竹刀がじゃまになるようでは、試合に勝てるわけはありませんし、足が重く感じられて短距離を速く走れるわけがありません。

「技」に上記の論点を当てはめると、技は習熟の結果、内在化し、己有化し、沈殿し、潜在意識の奥底に沈み、志却されるとき、その本分を発揮します。努力もなく、自然に流露するとき、そこには「藝」が現れるのではないでしょうか。

もしそのようなものが「藝」であるとすると、起源を外部に有していたとしても、内在化しているために、それはもはや「模倣」ではなく、「創造」になっているのかもしれません。逆説的な表現を使えば、オリジナリティーを求めず、オリジナリティーなどということをすっかり忘れた境位にオリジナリティーは現れるということもあります。

ハビトゥスが藝や技との関連でどのように形成されるのかをめぐって、一つだけ触れておきたいことがあります。享受するというのも、能力であり、ハビトゥスであること、そしてそれが形成される途中の間は享受することはできないということです。技や所作を学んで覚えようとしているときは、茶道のお稽古でもよく分かりますが、とても楽しむ境地には至りません。享受は、現実の相においてしか成り立たないので、成立しているか成立していないかの、二つに一つです。しかし、可能性の相において見れば、楽しむことが徐々にできつつあるということでもあるのです。その坂道は闇夜のように暗いのです。

★

感覚とは罪のための器官なのではありません。むしろ、ハビトゥスに蓄えられる出来事を識別し、数える計数機（カウンター）なのです。感覚の喜びは、道路標識のごときものです。目的に至るための指標でしかないのですが、嗜癖の場合に典型的に見られるように、それが究極目的として受け取られます。しかもそれは嗜癖を準備するような「誘惑」の力、誘引し陶酔させる力を持つ限りで本来の姿を保ちます。感覚は目的を遂行すれば、自ら滅んでいくべき本質をもっています。感覚はハビトゥスの中に埋葬されてこそ成就するのです。そしてハビトゥスになってこそ、技や藝として伝達可能になっていきます。

藝と技に至る過程と、ハビトゥス形成に至る前の準備段階は重なります。それは暗い坂道なのです。受動であれ能動であれ、それは現実的に感覚されるものではなく、「闇」のなかで形成されます。感覚という「暗夜、闇夜」こそ、充足可能性が準備される空白なのです。近世以降、理性と光が称揚されてきました。しかし、中世とは光の可能性の条件としての闇を準備する時代、〈見えること〉の条件としての〈見えざるもの〉の圏域を示した時代だったのかもしれません。そして、見えざるものの圏域に触れる機会が「享受（fruitio）」ということだったのです。

第六章　享受の神学的背景

「享受（fruitio）」という概念は、中世カトリック神学を理解する場合にとても重要な概念です。近世以降の哲学ではほとんど触れられませんので、姿を消してしまった概念ですが、スコラ神学においては鍵となるものです。同じように、スコラ神学を語る場合に、目立たないけれども鍵になるものに「秩序（ordo）」というものもあります。近世以降の哲学の中心を理性（ratio）に置くとすれば、中世は「秩序」に置いてもよいかと思えるほどです。

それはともかくとして、「享受」という概念は、アウグスティヌスにおいても、人間と神の関わりを語る場合に逸することができないものですし、そして中世神学の教科書である、ペトルス・ロンバルドゥス（一一〇〇年頃～一一六〇年）の『命題集』の冒頭に登場し、スコラ神学において幾百の註解を付され、論究されたものなのです。「享受」の内実について、少し見ていきましょう。

「享受（fruitio）」というのは、「享楽」と倫理的評価の面では大きな差があるとしても、概念としては重なります。英語で表現すれば両方とも、enjoyment となります。ですが、内実はまったく異なっています。そして、哲学的に重要なのは、「享受」の方です。享受という概念は、ギリシア哲学においても、ローマ期の哲学でも登場することなく、アウグスティヌスにおいて初めて定式化され、哲学的議論の中に姿を現しました。

「享受」という、一見すると「楽しみ」の類縁概念であって、神学の基礎概念になりにくいように見えるものが、重要性を担うことになるのは、倫理学の基礎概念となっているからなのです。「享受」は、目的と手段の連関において、目的の実現に寄与することが道具としてのあり方と対比的なものとして位置づけられるものなのです。目的の実現に寄与するものは、「有用」であり、そういった道具や手段のあり方を総称したのが、「使用（usus）」です。「享受」の方は、目的との関わり方を示すものであり、意志的行為の終極点を示すものにも見えます。それが「享楽」と概念的に重なり、しかも同一ではないとしたら、そこに差異を見出さなければならないのです。

アリストテレスの行為論において、目的は「愛される者のごとく」動かすという原理がありました。目的論的説明においては、目的はそれ自身では何も動かないとしても、目的を求める者が困難を排して、目的を獲得すべく活動します。恋人も黄金もそれ自体では動かないとしても、人々の方を動かします。自らは動かずして、他の人々を動かすのです。「桃李物言わざれども下自ずから蹊を成す」という格言は、同じことを指しています。つまり、求められるもの、価値が原初的にあって、そのあとに、行為が生じてくるのです。目的論的説明は、近世に入って、非合理なものとして廃棄されてしまいました。目的論的説明を自然現象の説明に無頓着に適用すると、誤解を引き起こしますが、価値、欲求、意志が関わる人間の行為の説明、つまり倫理学的な理論体系には、目的論的説明は不可欠ですし、目的が人間の精神を引き寄せる契機を取り込まなければ、人間を機械に近づけて理解しようとすることになりかねません。

使用と享受

「享受」という概念の設定される場面を確認しておきましょう。先述したように、「享受（fruitio）」というのは、ペトルス・ロンバルドゥスの『命題集』においては最初の提題を飾るものであり、中世において陸続と著された『命題集註解』の冒頭においてかならず論じられた中心的テーマでした。アウグスティヌスの『キリスト教の教え』の冒頭において最初に定式化され、それが綿々と継承されたのです。享受ということは、目的連関の中でのあり方を指すものですが、本来の意味で享受されるものは、神の三位一体であり、至福直観（visio beatifica）の問題とも直結するものでもあるのです。つまり、「享受」という概念が使用される場合には、神と顔と顔とを合わせ相まみえる場面が基本モデルとして想定されていたと考えることができます。「第一コリント」（一三－一二）の「わたしたちは、今は、鏡におぼろに映ったものを見ている。だがそのときには、顔と顔を合わせて見ることになる（nunc videmus per speculum in aenigmate, tunc autem facie ad faciem.）」という一節が至福直観の基本的モデルとして西洋の文化全体に及んでいるのです。

享受という概念は、そういった至福直観に結びつく聖なるイメージに包まれた概念だったのですが、近世以降、その概念の根源は忘れ去られていったと考えられます。ということは、享受という概念において、「享楽」の方だけが残ったのか、享受そのものが聖と俗の二義性を備えていたと考えるべきなのでしょうか。

感覚的欲求・欲望を考える場合、求められた物質的な対象が獲得されることで、欲望は快楽を得て充足し、消失すると整理できます。欲望は欠如であって、充足によって消失するという図式がそこには見られます。「欲望・快楽・官能」などといったものは、反倫理的とは言わないまでも、非倫理的なものと整理され、そういったものの誘惑を断ち切り、それを克服することが人間としての向上と考えられてきました。徳の形成や倫理性の向上が、欲望への耽溺によって押し進められると考えられたことはなかったのです。

もちろん、物質による感覚への耽溺を引き起こすもの、たとえば、酒・タバコ・覚醒剤・麻薬・大麻などは、公式には強く批判されてきました。特に反社会性が強く、攻撃性・暴力性・犯罪性に結びつく場合には禁止されてきたのです。

こういったものには嗜癖性が強くあるのです。同じことは、ギャンブル（パチンコ、競輪、競馬）や性的快楽にも見出されますし、またスポーツ、演劇、舞踏、祭りなどにも見られます。権力や名誉や相互承認にも同じ傾向が見られます。それらは、有用性によってよりも、それ自体における価値を求めて追求されるものです。非合法であれば禁止され、合法的あれば許容され、徳の形成が見出されない場合には倫理的に非難され、そして享受はそれだけでは倫理的完成をもたらすものではない以上、倫理的には望ましいものではないことになりかねません。絶えず人間を向上させ、決して獲得されることのない善こそが理想の善ということになりそうです。

アウグスティヌスによる基本的枠組みの呈示

ここで、アウグスティヌスにおける使用と享受の対比を見ておくことにしましょう。

享受するとは、あるものをそれ自体のために愛によって執着することである（Frui est amore inhaerere alicui rei propter se ipsam.）。使用するとは、享受されるべきものを獲得するために、使用される道具・手段を関わらせることである（Uti, id quod in usum venerit reffere ad obtinendum illud quo fruendum est.）。

（アウグスティヌス『キリスト教の教え』）

享受においては、対象をそれ自体で、つまり究極目的として関わることであり、そこには「愛」によって、つまり功利性によってではなく、獲得しようとする働きが見られます。もちろん、ここで「功利性」という場合、自己の快適を目指すことも功利性と言われる以上、愛と功利性が対立するのかどうか、検討を要するのですが、ここでは対立するという立場に立って話を進めます。

前述した享受の定式化では、対象との関わり方のみが論じられ、享受を可能にして、対象の側の条件や、主体の側の条件が論じられていません。享受が、知性・意志・感性・身体のいずれにおいて成立し、それを成り立たせる対象の側についても、それがいかなる原因として働くのか、つまり、起成因としてなのか目的因としてなのか、などが語られてはいないのです。

対象の側については、愛されるもののごとく（ut amata）動かすというのが基本的理解となっています。しかしながら、主体の側については、いかなる質料的、または知性的条件によって生じ、またその結果として何が得られるのか、記されてはいません。享受における対象との関わりは述べられていても、それ自体で何であるかは記述されていないのです。

アウグスティヌスは、享受と使用の違いを、善美であるもの（honestum）と役立つもの（utile）の違いと対応させています。善美であるものはそれ自体で望ましく、有益なものは他のものとの関わりをもつと説明される場合もあります。

ここで登場する「善美（honestum）」という概念も翻訳できない深さを持った語です。英語のhonestyの元の言葉ですが「正直」と訳されるよりもっと豊かな意味合いを持っています。少し横道に入りますが基本語ですので少しだけ説明しておきます。「善美」とは、「正しい理性に合致したもの（quod conforme est judicio rectae rationis）」という説明もありますが、これはあまり説明になっていません。正しい理性（recta ratio）は、ギリシア語でいえばオルトス・ロゴスで、「道理、物事がたどるべき正しい筋道」ということです。ここでの「正しさ」が何であるのか、これも決めがたいものですが、世間・社会の望ましい状態で、打ち立てられて順調に進んでいる社会の秩序と捉えれば、一つの姿を現していると思います。そういう「正しい理性」に合致しているものとは、「名誉に値する卓越（excellentia honore digna）」ということで、簡単に言えば「立派なこと」です。「立派」と称讃されるのは、役立つことや有用なことではなく、身銭を切って、労力を払って、人のために尽くすことです。善美（honestum）というのはいわゆる「立派なこと」であって、定義や基準が定まっているわけではないのです。世につれ人につれ、内実は変化していくものなのです。「世は言を載せて以て遷《うつ》る」と荻生徂徠は語りましたが、それは「道」という言葉にもあてはまります。善美も立派さも「道」の一つの契機なのであって、絶えず変化しながらも、変化しないものをも宿したあり方なのです。言葉という器は残しながらも、それに盛る概念は更新されていかねばならないものなのです。それが真理のあり方であり、一度見つければ、暗記反復していればよいものではありません。淀んで流れなくなった真理はやがて腐敗臭を発してしまいます。

話を戻しましょう。使用と享受を身近な例で説明すれば、農産物の秋の収穫に向けてなされる労働は「使用」であり、秋において、その収穫物を味わうことが「享受」と考えられています。享受されるもの（fructus）が「果実」や「収穫」の意味を有することは、「享受」が農作業をモデルにしていることが分かりますし、理解するための基本モデルもそこに見出されます。

これら両者は目的連関の中の位置づけにおいて、異なったあり方が見出されます。労働は苦しく、収穫は苦労から解放されたもので、それ自体を楽しめばよいということであり、収穫祭やらさまざまな祭りが催されると考えられます。

使用と享受、これは「労働と消費」の対に対応させてもよいものでしょう。それは過程の中で明確に異なった位置づけを有しています。しかし、そういったものも、意識に現象する場合には事情が変わってきます。

倒錯と規則違反

道具は使用され、目的は享受されるのが本来の姿ですが、道具を享受することもできますし、目的を使用することもできます。これは一般に「倒錯」と言われる現象です。人間は、薬物や労働や過程に耽溺できます。風邪の症状を緩和するために風邪薬を飲むのではなく、陶酔感を得るために風邪薬を飲む人は倒錯におちいっています。目的に対して使用する態度を取り、幸福の先に何かを期待してしまうこともあります。幸福はそれ自体で求められるべきことで、人に自慢したり、天国に行くための切符として存在しているわけでもありません。幸福で物足りないと思う人は、幸福ではそもそもないのではないか。幸福についての倒錯病にかかっていることになります。いずれの対応も、価値や目的連関に対する「文法違反」のように見えます。そして道を踏み外したがる人も少なくありません。

その際、文法違反かどうかを内在的に判定する規準が存在するのか、ということが問題となってきます。哲学テキストに耽溺し、そこに快楽を得ることが、使用すべきものを享受してしまっているのか、享受すべきものを享受しているのか、それを分ける規準が内在的にあるのか、外部から与えられるしかないのか、どちらなのでしょうか。答えを先に言ってしまえば、価値連関を見抜き、自己がその過程においてどこに位置しているのかを見分ける能力は知性ですから、知性から与えられるしかありません。なお、ここで語られている知性は、中世における知性（intellectus）であって、近代の知性概念とは区別されるべきです。この点では注意が必要です。ともかくも、知性と意志の間での先行性をめぐる議論は、一三世紀後半、主意主義と主知主義とに分かれて多くの論争が交わされましたが、問題の極の一つはそこにあると思われます。

意志が先立つと考えるのが主意主義で、知性が先立つと考えるのが主知主義です。主意主義の代表としてドゥンス・スコトゥス、主知主義の代表としてトマス・アクィナスが挙げられてきました。これはハンナ・アーレント『精神の生活』で取り上げられてもいますから、有名な対立です。しかし、知性と意志のどちらが先立つのか、現代人には分かりにくいところがあります。意志は何かをしようとする力ですから、自動車に例えれば、エンジンのようなものです。知性は進む力を制御して、方向づけるものですから、ハンドルのようなものです。自動車が動くのに、ハンドルとエンジンのどちらが優先的かと尋ねると困る人が多いでしょう。両方なければ自動車は動かないのですから。

意志をやみくもに動くエンジンのように捉えてしまうと、主意主義は、猪突猛進の姿で捉えられてしまいます。意志をそのように捉えてしまうと、動物の欲求と同じものにしてしまうことになります。意志は衝動とは異なるのです。主意主義／主知主義の論争の整理においてはそのように捉えた整理が多いように思います。意志とは、そういった進むだけの力ではなく、地図を見て、目的地を定め、そこに向かおうとする力と考えた方がよいでしょう。目的地が定まってこそ、道順の選択も、ハンドルの操作も正しいか誤っているかが判断できます。知性は地図に沿ってハンドル操作を決定する能力なのです。地図、より正確には地図に記された道路という事実性の要素は、人間の行為でいえば、ハビトゥスに対応すると考えればよいでしょう。最終的な目的地が「神」であるとすると、意志の主たる役割は終了しますから、主知主義的なアプローチが目立つということもあるでしょう。トマス・アクィナスが主知主義で、ドゥンス・スコトゥスが主意主義というのは、意志と知性の先行性という枠組みを、狭く捉えられた知性と意志の対立に落とし込み、些末な優先権争いにしてしまったように思われます。

一三世紀後半以降、主意主義が優位を占めますが、それはやみくもに進む傾向が強まったということではありません。人間の行為において、目的への秩序づけの順番において、究極目的がたとえ一つであっても、そこに至る道筋はたくさん存在し、小さな目的が途中に多数存在し、その小さな目的に向けて、行為の体系を秩序づける必要が出てきます。その小さな目的を措定する能力が人間の意志であり、それが定まってこそ、正しさ、個別的な場面でも正しさが決まると考えていたのです。

一二七〇年と一二七七年にパリ司教エチエンヌ・タンピエ（一二一〇年頃〜一二七九年）によってパリ大学への介入がなされ、ある種の教育内容の禁止にまで踏み込む弾圧が行われました。そこで何が禁止され、どの程度まで強く禁止されたのか、判然としないところもありますが、アリストテレス主義への弾圧は明確です。ですから、科学史家ピエール・デュエム（一八六一〜一九一六年）は、タンピエによる弾圧がアリストテレス主義を追いやり、近世科学への道を開いたとする「デュエム・テーゼ」を出しました。この仮説は認められてはいませんが、タンピエの弾圧が大きな影響を及ぼしたものであることははっきりしています。

タンピエの弾圧は、アリストテレス主義と結びつきやすい主知主義を排し、主意主義的な流れを強調するものでした。タンピエの弾圧で批判された思想条項を選定した委員会のメンバーに、ガンのヘンリクス（一二一七年頃～一二九三年）が含まれていました。ヘンリクスは、一三世紀後半のパリ大学神学・哲学講壇の中心人物でしたが、明確に主意主義の立場をとっていました。

こうして、タンピエによる大弾圧では、ラテン・アヴェロエス主義（アリストテレス主義の一三世紀的形態）に顕著に見られた主知主義的傾向への弾圧が加えられ、その後主意主義的傾向が主流となりました。アリストテレス主義が当時パリ大学では優位を占めていたのですが、その流れを押さえようとする傾向が如実に現れたのです。

至福そのものの分析というのは困難ですし、議論の中心にもなりにくいものです。極端な主意主義者とも整理されるドゥンス・スコトゥスの至福論において、彼が強調した論点を少し分析することで本論の課題を述べていくことにしましょう。

主意主義というと「鉄のごとき強靭な意志」というイメージがつきまとうでしょう。そこでは弱々しい感情は場所を持たないように思われます。主意主義がそのようにイメージされることは完全に誤っていると思われます。

主意主義は、ガンのヘンリクス、ドゥンス・スコトゥス、オッカムなどにおいて見られました。主意主義がフランシスコ会に特有であるということはありませんが（ヘンリクスはフランシスコ会士ではありませんでした）、フランシスコ会との結びつきは強いものですし、鳥と魚に説教し、滂沱の涙に明け暮れていたフランシスコに鉄のごとき意志は似合いません。

主意主義とは愛と感情を重視する系譜なのです。主意主義とは、他のところでも語ったように、方向も定めずに無謀に突き進むことでも、一つに決まった目標地点を一心不乱に追い求めることでもなく、目的地を探し、見定めるために愛と感情を重んじる系譜なのです。

スコトゥスの主意主義

主意主義（voluntarism）という語はかなり新しい言葉で、一九世紀になってから作られたものです。中世スコラ哲学が調べはじめられて以来、人名だけがたくさん出てきて、見通しのつかない状況に道を拓くべく、いろいろな分類がなされました。普遍論争における実在論、概念論、唯名論というのもそうです。実在論と唯名論だけでしたら、紅組と白組と同じことで、敵か味方かを表すラベルで、あまり実態に沿うものではありませんでした。言葉はよく使われましたが、実態に沿うものではないので真剣に受けとめられませんでした。一九世紀の後半に、アベラールを「概念論」に分類する枠組みが出されてから、実在論／唯名論という対立が、名のみのものではなく、中世哲学を筋道づける有力な枠組みとなり、しかもそこに「概念論」という区分ができることで、一二世紀から一四世紀までの流れを対極的に捉えられるかもしれない、という希望が生じました。残念ながら、アベラールを「概念論」と整理することが誤りであることは明らかになりましたが、中世スコラ哲学への関心を高めることになったのも事実です。ほこり臭い、ゴミだらけの倉庫と思われていた中世スコラ哲学が、新たな知的資源として見直されるようになったのです。

「主知主義（intellectualism）」と「主意主義」の対立もそのような新たな分類の一つと考えられています。トマス・アクィナスは、アリストテレスが一二世紀にヨーロッパに紹介されるようになって、その伝統を新たにキリスト教神学に組み込むべく、壮大なゴシック建築の教会に見紛うほどの神学体系を築き上げました。それは知性を重視するもので「主知主義」と名づけるに相応しいものでした。そして、トマス・アクィナスが属していたドミニコ会と、それに対抗していたわけではないのですが、役回り上、対抗すべく想定されたフランシスコ会は、知的な闘争を行ったかのような物語が作り上げられていきます。

手柄を立てることが自らの存在意義、功績になると考える人びとは多くいます。功績を挙げた人が立派な人で、神にも喜ばれると考えるわけです。そのような人生の見方と社会的評価システムに反対する人びとが宗教改革への道を拓きます。手柄をあげることが存在意義であり、それによって歴史が作られるという英雄待望史観の下では、いたるところに闘いと闘争が設定されることになります。中世哲学もまた闘争の場として設定されることで注目されます。今でも、理論に反対し、新たな説を出すことで評価されるという構図がありますが、哲学とは新しい考えを出すために存在する学問ではありませんし、また古い思想を反復しているだけの学問でもありません。

それはともかくとして、一九世紀的な哲学地図の中で「主意主義」は構成され、適用されるべき思想が探し求められます。そして、それはドミニコ会の主知主義に対抗するように期待されたフランシスコ会の中に探し求められます。実のところ、ドミニコ会とフランシスコ会は、一三世紀のパリ大学の中では、托鉢修道会の教育を快く思わなかった在俗教師団からの闘争に対して、同じ利害関係に立つ仲間だったのです。共闘を組みはしなかったとしても、対立していたわけではありません。圧倒的知的優位を確立したトマス・アクィナスへの対抗を期待されて、フランシスコ会のドゥンス・スコトゥスは後に苦悩することになります。

いずれにしても、主意主義という区分は注意して用いられるべき概念です。スコトゥスは明確に意志の役割を重視しています。有名なところでは、ロンバルドゥス『命題集』第二巻第二五編がありますが、その箇所をスコトゥス自身が完成させることはできず、弟子が敷衍《ふえん》して完成させてしまうといった問題があり、テキストそのものに問題のある箇所です。そして、そこでの立場は、知性の先行性を主張する立場（フォンテーヌのゴドフレイ）と、意志の先行性を主張する立場（ガンのヘンリクス）の立場のいずれにも与《くみ》せず、その中間の立場をとるというものです。問題が見えにくいのです。

ここでは別の箇所に注目します。先ほど論じた「享受」の問題は、神と人間の関係を扱うもので、神との対面を究極目的とすることをめぐって、神との対面の基本構造を取り出そうとするものでした。神との対面は至福直観（visio beatifica）とも言われました。至福直観が盛んに論じられるのは、フランシスコ会神学の一つの特徴です。そして、この至福直観をめぐって意志の問題が論じられます。意志の問題が、鉄のごとき意志による行為の遂行の場面ではなく、愛の場面に置かれていることはここでも強調しておいてよいでしょう。

スコトゥスの至福論は、『オルディナチオ』第四巻付録第四九篇第九・一〇問に展開されるものが有名です。そこでは、意志（voluntas）が二つに分けられています。一つは、「自然としての意志（voluntas ut quaedam natura）」ないし「自然的意志（voluntas naturalis）」と言われるものです。もう一方は「自由な欲求としての意志（voluntas ut appetitus liber）」ないし「自由意志（voluntas libera）」と言われるものです。

前者については、「自然的意志」と呼んでも構わないでしょう。近世哲学ではあまり見かけませんが、それほど奇妙なものではありません。後者を「自由意志」と呼ぶことには注意が必要です。というのも、自由意思（arbitrium liberum）と区別が付きにくいからなのです。そこで、ここではスコトゥスの語る自由な意志の方を〈自由意志〉とギュメで括って表記することにします。自由意思は、選択肢から選択する能力でしかありません。arbiter とは、「審判者、裁き手」で、有罪か無罪か、セーフかアウトかを決める者です。白黒どちらを選ぶかは自由であっても、それ以外の選択肢は与えられていません。あくまで二つの一つのどちらか一方を選ぶ程度の裁量権しか与えられていないのです。他方、〈自由意志〉は、愛や至福の主体となる人格的な能力であり、次元を異にする能力なのです。

なお、「自由意思」と「自由意志」を使い分ける人は存在していますし、概念の混乱を避けるために有力なのですが、「意思」と「意志」の使い分けはやはり難しく、混乱ばかり引き起こしてしまいます。言葉としてはどちらか一方にまとめて、区別して使用することが必要な場合には、その旨を断って用いるしかないかと思います。もちろん、両者を区別する必要は哲学的議論の場面でも（一七世紀における自由と必然性の問題では別ですが）それほど多くはないかもしれません。

話を戻して、「自然的意志」の説明をしておきます。「自然的意志」は「自然的欲求」とほぼ重なります。自然的欲求とは、事物が自らの固有の完全性を目指しての自然的傾向性（inclinatio naturalis rei ad suam propriam perfectionem）であるとスコトゥスは整理します（Wolter 86, p. 180）。自然的意志は自然的欲求の一種なのですが、スコトゥスによれば、これは本来の意味での意志ではありません。

自然的能力は〔対象に実際に〕向かうことはなく（non tendit）、絶対的なものとして意志が〔対象に〕向かう際の傾向性でしかない（tendentia illa qua voluntas absoluta tendit）。そして、自然的能力は〔対象を〕受容するのに受動的におこなう。ところが、同じ能力であっても、自由なものとしての能力においては異なった傾向性がある。自由な能力は、作用を発出し（eliciendo actum）、能動的に向かい（active tendit）、その結果、一つの能力が同時に能動的と受動的ということの傾向性となっているのである。

(Wolter 86, p. 182 = Ordinatio, III, d. 17)

自然的意志とは、のどの渇いた人が泉に駆け寄る姿を見ても分かるように、自然本性がその人を運動へと掻き立てます。強い意志によって、名誉や金銭に向かう人が、人から押されたり引っ張られたりすることがなくても、自ら進んでいくのと同じように、外からの働きがないまま、進んでいくからこそ「自然的意志」と呼びならわしたのでしょう。現代において、その事態に「意志」を適用することはありません。中世は、自発的な運動の様子を「意志」と呼んでいたのです。しかし、これは能動とは見なされていません。自由な自発的運動にしか、能動は適用されていないのです。

そして、このテキストには、「絶対的意志(voluntas absoluta)」という特異な表現も出てきます。これは何でしょうか。「自然的意志」とは自然本性に拘束された意志のことです。その対比で考えると、「絶対的」というのは、特別な際だった状態に適用されるものではなく、中世では「他から切り離されて、それ自体で」という意味で用いられます。すると、絶対的意志とは、自然に拘束はされているが、それ以外には、何ら拘束されていない意志と考えることができます。自然的意志とは、ありのままの自然本性の発露ということなのです。それだけでは自由な意志とは言えません。

本来の意志と言えるのは、やはり〈自由意志〉の方で、対象に向かっての推進力である自然的傾向と自らの選択による自由な傾向、受動的傾向と能動的傾向の二つの契機からなるとスコトゥスは考えていたと思われます。

ここでも「自由」ということが問題になってくるのですが、素性の善くない、扱いにくい概念だとつくづく思います。「自由」という言葉は、日本語では罪深い用語で、多くの誤解を引き起こしてきました。自由は「放恣」と異なるのですが、「自分のしたいことができること」と捉えられてきました。

「自由」とは、古い意味では「自らに由ること」、したがって勝手気ままに振る舞うことを意味するものとして仏教用語として用いられていました。freedom や liberty の翻訳として「自由」を使うのは不都合だったわけです。freedom や liberty の訳語として「自由」を用いたのは、福澤諭吉が初めてではありませんが、最初期に属する人物です。福澤は、従来日本人が用いる「自由」に含まれていた負の意味を指摘し、「自由」の意味を正しく広めました。だからこそ、福澤は、自由の意味を説き明かすために、あえて「自由は不自由の中に在り」と逆説的な仕方で自由を語っています。他人を妨げないという一定の不自由を内包したものが本当の「自由」であると考えられています。

明治時代以降日本に導入された哲学用語で人口に膾炙《かいしゃ》し、理解されているように見えて、理解が危ういものとして「存在」、「自然」、「観念」などがあります。基本的哲学用語の多くの誤解が何層にコーティングされて理解されたかのごとく伝承されてきました。そして、最近の英語覇権主義の影響においては、英語で理解すれば、伝統的意味を理解できるかのごとき予断が浸透しつつあります。英語が哲学に適した言語であるのかどうかは論議が必要ですが、日本語もまた、言語の翻訳能力の巧みさゆえに、元々の原語の概念にあった哲学的な危うさを帳消しにして、日本語として流通するようなものに翻訳できてしまったのです。不適切な翻訳であれば、原語に戻り、意味を確かめますが、日本語の訳語は巧みすぎて、原語に戻るべき必要性を忘却させてしまったのです。たとえば「観念」などは、流通しすぎていながら、意味への探求を疎外するほど、訳語としての巧みさを持っています。idea を観念と訳して、その日本語で考えてしまった途端、idea の有する哲学的問題は揮発していってしまいます。ギリシア哲学がアラビア語に訳されたときも、アラビア語に移されたギリシア哲学がラテン語になったときも、西洋の哲学が日本語になったときも、スコラ哲学が漢語になったときも、哲学的問題の多くは揮発してしまって、訳された言語の用語が巻き上げる粉塵によって哲学的視界を遮るようになっています。

ともかくも自由とは多くの制約の条件下においてしか成り立たない、自由を担うに足る条件を備えた者に許される「不自由」な状態なのですが、それを弁えないまま「放恣」のごとく捉えられたのは、「自由」概念にとっても不幸なことでした。

このように自由には、自らは能動的でありながら自分で制御できない弾みのごとき側面と、能動性を制御して目的との関連で分岐がある場合には望ましい方向を選択しながら進むような側面が存在しています。つまり、行為の起点・源泉が、自己の内にありながらも、その行為の制御の仕方において、異なる二類型が存在しているのです。

命令行為と発出行為

中世スコラ哲学では、意志において、命令行為（actus imperatus）と発出行為（actus elicitus）という二種類の作用に分けるというのがよく見られます。なお、両者の訳語とも、分かりにくく、内実を表していませんし、誤解を招くところもありますが、他に適訳が見つからないので暫定的に使用しておくことにします。前者を「他動的行為」、後者を「自動的行為」と捉えてもよさそうです。ただし、自動的行為は、かならずしも主体的な行為や自由な行為となるわけではないのです。自分の中に行為の原理があっても、自分がしているとは限らないのです。自分の内側にいる他者というのは中世では重要な論点です。自分が行いながら、人から強制されているわけではないにもかかわらず、自分がしているとは言えない作用もあるのです。「感じる」という受動をなしているのは誰なのでしょうか。

いずれにしても、両者の概念は、頻繁に使用され、しかも議論の中枢をなす重要概念でありながら、詳しく説明されることの少ない概念でもあります。前者は目に見えるものとして現れた外的作用であり、後者は心的な作用とされる場合もあります。例としては、前者が「殺すこと（occidere）」で、後者が「殺そうと欲すること（velle occidere）」という例が挙げられるときもあります。これはどういうことなのでしょうか。

このような作用の区別は、上記の説明を読む限りでは、外的と内的、物理的と心的という差異と重ねて考えられやすいものです。しかし読み進めていくと、不随意なものか、あるいは随意なものとして捉えられるべきようにも思えてきます。

「命令行為」とは、字義的には、「命じられて生じる作用」のことであり、自然本性に命じられて、なさざるをえないようにしてなしてしまう作用のことのようです。他方、「発出行為」は自らの制御力のもとにおいて、なすかなさざるかを決定することができるような作用のことと考えられます。「命令行為」においても「発出行為」においても、作用の原因は自己の内にあります。しかし自己の内にありながら、作用と人間精神の関係は対極的なものとしてあります。

スコトゥスにおいて、命令行為は「実践行為（praxis）」ではなく、実践行為と呼べるのは発出行為だけであると考えられています。そして、自然的欲求は発出行為ではないとも述べます。「実践的行為（praxis）」という見慣れない概念が出てきました。ギリシア語をそのままラテン語にしたような、中世では異国風の感じを残した概念です。トマス・アクィナスは用いていないようなドゥンス・スコトゥスはここで使用しています。「実践的行為」とは、「正しい理性によって制御された人間の行為（actus humanus directus a recta ratione）」という定義や、「知性によって制御されうる行為（actus dirigibilis ab ipsp intellectu）」という定義などがあります。

自分の内に原因があるとしても、制御されない行為は、実践的行為ではないのです。実践的行為は、現代においては「意図的行為（intentional action）」と言われるものです。

また命令行為を分かりやすく説明すれば、薬物依存症に陥っている人は、薬物を自ら「自由」に摂取しているように見えます。しかしそれを自由と呼ぶわけにはいかないと思われます。自由意思もなく、〈自由意志〉もないと言うしかありません。制御できないのですから。当然、実践的行為の資格も有していません。

ドゥンス・スコトゥスは次のように説明します。

まず自然的欲求が何であるかが考察されなければならないが、それは発出行為ではないと私は主張する。というのも、意志の自然的欲求の意志作用に対するには、知性の自然的欲求の知性作用に対する関係に等しいからである。もし知性において自然的欲求が発出行為でないとすれば、意志においても自然的欲求は発出行為ではない。

(Wolter 86, p. 184)

命令行為と発出行為の対比は、他のスコラ学者の説明も分かりにくいのですが、同じことはドゥンス・スコトゥスにも当てはまります。しかし、行為の記述を区別するために用いられています。行為の原因が自らの内にある場合、それをすべて自発的な行為と捉えれば、いずれも「酒を自ら飲む」と記述できるとしても、命令行為と発出行為に分かれます。エリザベス・アンスコム(一九一九〜二〇〇一年)は『インテンション』において、意図的行為と非意図的行為を区別する場合に、意図の有無を規準とする道をとりませんでした。意図は精神内部にあるもので、「私的言語」に属するものです。他者も観察可能な言語において記述し、その言語において意図的行為とそうでない行為を識別する基準を求めようとしました。一つの行為はさまざまに記述されますが、すくなくともその記述の内の一つに、意図の存在を前提にしなければ成り立たないような記述がある場合に、意図的行為と見なすことにすると道筋を立てました。私的言語という観察不可能なものに頼ることなく、外部からの観察からだけでは識別できないものを、言語による記述を道具にし、分析することで人間行為の構造を分析しようとしたのです。命令行為と発出行為を識別する基準を精神の内部にではなく、ドゥンス・スコトゥスが適切に設定できているのか、微妙なところもあります。ただ、行為の原因を内部にあるかどうかで区別するのではなく、制御可能（dirigibilis）かどうかを論点に取り込んでいることは鋭い指摘だと思います。もう少しスコトゥスの分析を見てみます。

意志に発出行為がある場合、意志には同時に対立する二つの作用があることになる、というのも、意志は自然的欲求が欲するものと反対のものを自由に欲することができるからである。

(Wolter 86, p. 184)

作用を司る規則との関係で言えば、自然的欲求などの場合に生じる、命令行為においては、規則に抗うことはできません。空腹を感じるときには、空腹を感じるのであり、感じることを止めることはできません。感じるか感じないかを選択することはできないのです。しかし、水を飲むことと飲まないことでは選択可能です。しかし、ここでは選択の対象が欲求ですから、あることを欲することと欲しないことにおいて選択がなされる必要があります。

命令的作用というのは、作用が開始されれば、連続的な過程の中で、結果が自ずと得られる場合であり、途中で止められるような過程ではありません。他方、発出的行為というのは、その過程の途中において、過程を中断するか、または開始するかの選択が可能な分岐点が存在する場合であり、その分岐点においては、過程の外部に立つ契機が加わって、選択が生じる場合のことです。そして、分岐点以前と分岐点以降においては、心的と物理的、内的と外的といった性質上の差異が対応する場合もありますが、最も重要なのは、分岐点が存在するということと思われます。

欲求の対象

ここで重要なのは、主体がある特定の対象を欲するか欲しないかを決定することではなく、その対象を自然的欲求の対象と見るか、自由な欲求の対象と見るかということなのです。意志作用を分類することも重要ですが、それにも劣らず、その対象の特性を説明することの方により重要性が置かれています。幸福や快楽や至福を論じる場合、その規準が内的状態にのみ置かれることがあってはならないのです。

スコトゥスがそのような対象として考えているのが、至福（beatitudo）なのです。もちろんのこと、意志は自らの完成を求め、完成は何よりもまず至福に存するのだから、意志は至福を自然的欲求によって求める、というのはきわめて合理的な考えでもります。

しかし問題となるのは、至福を求めず、苦難を自由に選択する人が存在するということです。意志は目的や至福をあくまで偶然的に欲するのです。スコトゥスは解答部分において「私は次のように解答しよう。私は必然的に至福を欲するのでも、必然的に悲惨を忌避するのでもない、というように（Respondeo, quod nec necessario volo beatitudinem, nec necessario nolo miseriam.）」と答えています。特別なことは主張されていないようにも見えます。しかしここでは明確な態度表明がなされています。トマス・アクィナスが述べるところでは、人間は至福を必然的に求めることになります。求めないではいられないのです。スコトゥスが、至福の問題において、発出行為において人間が至福を求めると述べているのは、感情もまた発出行為であることを述べるためでしょう。

感情は、スピノザの場合は典型的に受動作用（passio）と捉えられています。もちろん、スピノザの場合においても「能動感情」と訳される場合のある actio という単語は登場します。actio は、「作用、能動作用」と訳されますが、受動ならざる感情を示すものとして「能動感情」と訳されるのです。しかし、「能動感情」は概念としては明確に登場しません。能動的情念（passio activa）とか能動的感情（affectus activus）という用語は登場しません。スコラ学者に大笑いされてしまいます。

スピノザにおいて、感情は受動的なもので、原因は外部にあります。スコトゥスは、行為の分類において、原因が内部にありながらも、その行為をそれだけで自由と見なすのではなく、制御可能なものだけを自由と考えます。

原因が内部にあるか外部にあるかが決定的なものにはならないという論点は重要であると思いま

す。外部と内部への分類は、アリストテレスの実体論においては不可欠な境界です。境界は幾重にも引かれますが、内部と外部、自己と他者、神と被造物など、境界区分は決定的な違いとなります。

しかし、内部と外部への区分、いや「内外分離」とでも呼んだ方が問題のあり方を示しているので、そう呼ぶことにしましょう。この「内外分離」を否定する、より正確には内外分離とは異なった次元において事柄の生成を記述しようとする潮流があります。一般に、新プラトン主義と言われる流れです。この内外分離よりも、「内外交錯」の論点はキリスト教にも入り込みます。現実性の次元に注目する限り、内部と外部は分離したものです。しかしながら、可能性の次元を取り入れると途端に内外の分離は崩れます。卵から鶏が孵るとき、卵の殻の内外は破壊されます。内部と外部の区分は、内にないから外だ、外ではないから内だというように、否定と肯定と結びつきます。否定と肯定も内外分離の図式を有しています。

ハビトゥスは内外分離や二項対立から離れた枠組みです。たとえば、人間は自転車に乗っているか乗っていないかのいずれかです。「彼は今自転車に乗っている」という命題は真か偽のいずれかです。それ以外にはありません。肯定か否定かの二値論理的に語られます。ところが、ハビトゥスは「乗ることができる」という能力を指しています。しかも、乗り方を覚える学習過程の全体を含み、連続的な変化の状態なのです。乗れないことから乗れることへの連続的推移の状態であり、他からの働きかけを受けながら変化している状態で盛ります。ハビトゥスは未完成の状態でもあり、一〇〇パーセント乗れることが乗ることであり、ゼロパーセント乗れないことが乗らないことであるとすると、ハビトゥスは乗る状態と乗らない状態のいずれでもあると言えます。ハビトゥスとは内外を分離する発想、真偽いずれかしか命題は値をとれないとする二値主義的発想とは別のところで考えます。

人間が常に途上にある存在で完成を目指して生成しつづける存在であり、しかも事実だけから構成されている存在ではなく、未来を取り込みながら未来に向けて存在する生き物であるとすると、人間存在は現在の時点においても未来を取り込んだ存在でなければならないわけです。現在時点において、$A \vee \neg A$（AであるかはまたはAでないか）という排中律を適用して済ませることは、論理的で合理的な語り方につながります。しかし、ハビトゥス的視点に立つ限り、事実は常に「Aであると同時にAでない」という形式を含んでいます。これは「今晴れているが、晴れていない」という形式で話すことを勧めているのでしょうか。もちろんそうではありません。「もうじき晴れるだろう」という未来表現は、現在と未来との両方に関わっています。現在という特定の時点での記述を特権化し、そして「要素文」と名づけ、そういった記述から世界を記述しつくせる、世界は事実から構成されていると考えているとすれば、これは典型的に記述主義的誤謬(descriptive fallacy)に陥っています。哲学は世界を記述するために存在しているのではありません。世界を記述しつくしたとしても、それは言葉の砂漠でしかないでしょう。世界から絶えず事実や存在という奇蹟が噴出してくるさまを見るために退かねばならないとしても、その退きは見ることにとどまるためではなく、未来と過去とを絡めとりながら、事実の層においてのみならず価値の層においても、世界と関わるために存在しています。事実は、過去と未来を天地としながら価値という衣をまとって歩む者です。事実を裸のまま歩ませてはなりません。

話を戻します。人間が至福を必然的に欲するとすれば、または人間に〈自由意志〉が否定されるとすれば、何かが失われるのです。スコトゥスは、人間の世界における目的を目指した営みにおいて大事なものが見失われると考えていたのだと思います。人間が世界に住まうとき、「なぜ私は世界に存在しているのか」という問いは、「私は何を求めて世界に存在しているのか」というように書き直すことができます。もちろん、「人生は何のために存在するのか」という人生論的問いを嘲笑い、人生に目的はないと喝破して、何らかの真理を語っていると思う人もいます。私の考えでは、人生の目的はあるわけでもなく、ないわけでもない、と言いたいのです。人生の目的は外的な対象として存在するようなものではなく、ハビトゥスなのですから、あるのでもなく、ないのでもないものであり、そのような仕方で存在する限り、ハビトゥスはハビトゥスとして持続していきます。

至福という目的が必然的に欲せられるとすると、人間の行為が意味を失うことになってしまうということもあるのかもしれませんが、それ以上に、キリストにおける限界事例を述べる意味連関を論理的に表現したいということがあったように思えてならないのです。ここには、キリスト教をどのように捉えるのか、神と人間との出会いはどのように考えられるか、というとんでもない大問題が潜んでいるように思えます。フランシスコ会に属するドゥンス・スコトゥスは、神と人間との出会いの原型を、フランシスコのスティグマ（聖痕）体験に置いていたように思います。キリストが十字架で受けた傷を、自らの肉体において追体験したフランシスコは肉体において傷つき苦しんでいたはずです。それがなぜ至福直観、幸福の絶頂たる至福となるのか、キリスト教の外部に立つ限り分かりにくいことです。教会の内陣に、血みどろで苦しむ十字架のキリスト像がなぜ置かれなければならないのか、それが至福のシンボルとなり、栄光を表すことになる道筋は理解しにくいものかもしれません。

享受と受難、両者はまったく逆に見えながらも、感覚が準備するハビトゥスへの途上の出来事であるとすると、重なり合う事柄なのかもしれません。アビラのテレサの法悦が受難の表現であることは不思議なことではなく、十字架のイエスと重ねて見よ、ということなのでしょう。

第七章　神秘主義という感覚

神秘主義とは何でしょうか。神秘主義には訳の分からない怪しげな宗教形態というイメージがつきまといます。神秘主義の説明はこれから行っていきますが、先だって記しておきたいのは、神秘主義は、きわめて具体的なイメージや感覚、多様にして豊かな感情にあふれた、生き生きとした内面的な経験を基本にしていることです。

このことは神秘主義が個人主義と結びつくことを意味しています。近代の個人主義が中世の神秘主義に淵源を有していることは当然のことなのです。神秘主義は、教会といった制度に敵対しがちで、教会の外部で活動を行う傾向を強く有しています。キリスト教において、神秘主義は「教会ない、しのキリスト教」と整理される場合もあります。静謐な内面的宗教現象ではないということです。

神秘主義が隠れた穏やかな思想なのではなく、公式の神学・哲学と結びつき、どのような潮流を産み出すことになっていくのか、そこで感情がどのように機能しているのか考えてみます。

唯名論的神秘主義

一五世紀において、ルターの宗教改革に結びつく思潮が、唯名論的神秘主義であると整理したのは、ヘイコ・オーバーマン（一九三〇～二〇〇一年）でした。唯名論と神秘主義との結びつきは意外な感じを与えるかもしれません。唯名論は論理的であり、神秘主義は非合理的ですから。これは唯名論に対しても神秘主義に対しても、障害となる先入見が潜んでいるためかと思います。また、ウィクリフの実在論が、反教会の傾向を有し、宗教改革の源流と整理されます。その場合、ウィクリフの「実在論」ということが、神秘主義と唯名論の双方に見られる反教会の性質を共有することになり、途方に暮れる人もでてくるかもしれません。なぜ唯名論と実在論が近い立場になるのか。政治的な場面だからなのか、などと。

ルターの宗教改革がオッカムの唯名論に淵源を有していることはルター自身が自分の思想的出自を唯名論に置いていますから明確なのですが、ルターが唯名論的思想を批判していることにもうかがえるように屈曲しています。そもそもオッカムの唯名論の実際の姿が見えにくいし、その後、一五世紀において、パリ大学における唯名論的傾向と、イングランドにおける実在論的傾向がどのように論陣を張り、それがルター学生時代のドイツの大学にどのように流れ込んでいたのか、数多くの研究がなされてきたにもかかわらず、分かりにくいのです。

宗教改革との関連で、唯名論と宗教改革とを直接的に結びつけてよいかどうかについて考えるために、少しだけウィクリフの「実在論」に触れておきます。ウィクリフもまた宗教改革の源流ですが、彼は実在論者なのです。唯名論が宗教改革をしたという整理は、昔からよく見られますが、さまざまな歪曲が潜んでいそうです。

ここで深く踏み込む余裕はないのですが、制度としての教会との関係で一点だけ記しておきます。ウィクリフは、教会の教義の中心であった実体変化説を否定したのです。十字架の受難を記念する聖週間は特別の期間でして、復活祭でその頂点に達しました。中世では、キリストの犠牲による救済をうけるためには、この期間に告解と改悛を捧げなければなりませんでした。そしてこの救済は、聖体の拝領を許されること、つまりミサにおいて聖別されたパンを口に入れることで証しされたのです。これは俗人にとって年に一回の聖体拝領の機会だったのです。ミサは毎日あるいは毎週行われましたがミサのときになされる聖体拝領は聖職者のためだけで、俗人は陪席するだけだったのです。聖体はきわめて貴重であり、聖体拝領は教会に属し、教会の命じる告解と改悛をなしたものだけに許されたのです。一四、一五世紀において裕福な人々は、聖体を扱う資格を持つ聖職者を個人的に雇い、聖体拝領を自由に行うことができました。「持たざる者」は、普遍的救済に与《あずか》るべき教会が霊的救済に関わる不公平に荷担していることを不満に思いました。天国は貧しい者のためにあったはずなのに、扉が閉ざされていたのです。これは、聖書の教えに反しています。

ウィクリフと、その主張を取り入れたロラード派は、ミサの際の聖職者に聖別によってキリストの肉体になるという実体変化説を否定し、ミサによる聖体拝領の効力を否定してしまったのです。

ミサに救済の力がなければ自ら聖書を読んで自らの救済を求めなければならないことになります。中世では、「教会の外部に救いはない（Extra Ecclesiam nulla salus）」という格率がありましたが、ウィクリフとロラード派においては、教会の内部に救済はないことになったのです。

実体変化説を否定する論拠が、偶有性が基体なしに存在することはありえないということでした。偶有性は何ものかに内属して成立していますが、何ものにも内属していない偶有性は矛盾を含む概念なのです。聖体における実体変化では、パンの実体は消滅し、キリストの肉へと実体変化していますが、パンはパンのままで、つまりパンの性質＝偶有性はパンの基体＝実体を失ったまま、浮遊して存在しているのです。これは後にルイス・キャロルが『不思議の国のアリス』で皮肉ったように、チェシャ猫のニヤニヤ笑いが、チェシャ猫が消えてしまっても、空中に残っていた、という内容と結びつきます。

この偶有性を支える基体を必要とするという図式は、普遍－個物関係にも適用され、個物が普遍の具体例となるためには、つまり個物と普遍が主語と述語となって真なる命題を構成するためには、普遍が基体として必要である、という普遍の実在論と結びつきます。しかし、この基体としての普遍は事物として客観的にあるものではなく、神の知性のうちに存在するというものでよいのです。「普遍」という言葉だけに注目すると、唯名論と真逆になりそうですが、オッカムが実際に言っていることは「普遍は概念である」ということですから、オッカムとウィクリフは同じ思想とは言えないとしても、真逆に対立する思想ではなく、近接する思想なのです。これは考え直さなければいけない論点を含んでいます。

ウィクリフの思想は、教会に頼るのではなく、自分で聖書を読み、救済を求める思想で、それを可能にするためにウィクリフは聖書の英訳を始めました。ウィクリフの中に、神秘主義の要素はあまりないようですが、オッカムの唯名論からルターの宗教改革に至る流れの中では、見事に重要な連鎖の一つをなしています。

オッカムによる「実体変化説」批判は、次のようになります。偶有性の一つである「性質」は実体に「内属」することで偶有性たりえています。ところが、実体変化においては、パンの実体は消失しながらも、パンの「性質」という偶有性はそのまま、偶有性として持続しています。偶有性が偶有性であるのは、内属性という関係のゆえにですが、そうなると内属性という関係が実体から切り離されて浮遊した状態で実在的に存在することになります。オッカムは、偶有性が基体なしにあることはない、偶有性はかならず基体によって支えられていなければならないと考えます。オッカムも、宗教政治の機微を知ったうえで神学的議論を展開できる人間ですから、実体変化説をきわめて複雑な内実と煩瑣な概念で語ります。ただ要点となるのは、内属性という関係が自存することはないということです。そしてそのうえで、「必要以上に存在者を増やすべきではない」という格率を適用して、カテゴリーとしては、実体と性質の二つだけでよい、とするのです。実体変化もまた、不必要な存在者を持ちだしているということで批判するわけです。

少し回り道をしましたが、魂の救済にとって教会は必要ないという主張する際に、論理的な枠組みを用いる人も少なくないのですが、そのような発想と神秘主義が語り方においてきわめて異なって見えるとしても、心性においては対極に立つわけではないことを示せればと思います。論理的な神秘主義とか合理的な神秘主義というのは言うまでもなく成立するわけです。「非合理な神秘主義」というのは、反神秘主義者によるバッシング・コールなのです。

神秘主義と感覚

ここで、第二章で少しふれた神秘主義について踏み込んでいきます。神秘主義と感覚の問題は深く結びついていることを確認したいのです。神秘主義は一見すると、修道院などにおいて静謐な環境で瞑想にふける思想に見えます。感覚的な刺激からはほど遠いように見えます。しかしそうではないのです。

さて、神秘主義については膨大な量の文献が記されてきました。邦語で読めるもので目に付いた代表的なものだけでも、オットー『聖なるもの』、イング『キリスト教神秘主義』、アンダーヒル『神秘主義』、ショーレム『ユダヤ教神秘主義』、ニコルソン『イスラムの神秘主義』、井筒俊彦『神秘哲学』、ブイエ他『キリスト教神秘思想史』などが挙がります。

神秘主義は定義を求めていこうとすると、インドにも中国にも日本にも、ユダヤ教、キリスト教、イスラム教、仏教など、果てしなく拡散していきます。キリスト教の流れで特に重要となってくるのは、ドイツ神秘主義からルターに至る流れだと言ってもよいでしょう。神秘主義はそこに限られるものではありませんが、一連の連続した流れであって、そこに神秘主義の典型的現れが見出されるからです。

トレルチは、類型としての神秘主義の契機として三つのものを挙げています。第一には、近代文化を深く規定した個人主義です。「神秘主義は、宗教的体験の直接性、現在性、内面性を、また伝統や祭儀や制度を超えた、もしくはそれらを補完すべき、神的なものと直接的な交わりを主張する。神秘主義にとって、すべての歴史的なもの・制度的なものは、神との時代を超えた内面的な交わりを刺激する手段であり、また喚び起こす手段であるにすぎない」（「ストア的＝キリスト教的自然法と近代的世俗的自然法」住谷一彦・小林純訳、『トレルチ著作集』第七巻）。

第二の契機としては、啓蒙主義、ドイツ観念論、ドイツ・ロマン主義の中で、教養宗教的な個人主義的な信仰へと変化し、その中で強く生きつづけてきたもの、魂におけるキリストの直接的現在への信仰であり、神秘主義は、キリストを、内面で感得する神との現在的な合一と救済の神秘的な現実・力として知ることを挙げています。そして、第三の契機として、既成の教会という制度から切り離された近代の教養人の秘かな宗教を挙げています。

トレルチのこの整理は、近代ドイツに傾斜しすぎていますから、地域的特色と考えられる第二と第三の契機を外して、第一の契機に注目すれば、神秘主義を、宗教的体験の直接性、現在性、内面性に置いている点は、中世の神秘主義にも当てはまるもので、基本的に首肯できるものと言えます。その意味で、神秘主義とは、「制度としてのキリスト教」とは別ものであり、「教会なしのキリスト教、教会の外部におけるキリスト教（Christentum ausserhalb der Kirche）」なのです。

　トレルチを持ち出したのは、トレルチが神秘主義を内面的な事象と捉えずに、社会的現象として捉えているからなのです。一四世紀のベギン会における神秘主義も、一三世紀以降次々と現れる女性神秘主義者たちも、エックハルトもヤーコプ・ベーメも個人的な思想として神秘主義を表明したのではなく、時代の息吹を感じ取って、自らのハビトゥスのなかで醸成して、己の思想として表明したのだと思います。神秘主義が「教会なしのキリスト教」であるというのは、神秘主義が制度として宗教に対立する流れの中で現れてくることを適切に表現しています。神秘主義が非時代的、いや反時代的な性格を強く帯びるのも当然のことなのです。そして、これは他の宗教にも当てはまることなのです。

抽象的神秘主義と具体的神秘主義

　神秘主義には、大きく分けて二大類型があるとされます。一つは、想像力を介した具体的イメージを使用する神秘主義です。これから触れるアビラのテレサや十字架のヨハネの神秘主義はそういうものです。

　もう一方で抽象的神秘主義（mystique abstraite）というものがあります。典型的なものが、ユダヤ教神秘主義で、不可視的な抽象神として、絶対的抽象性においてユダヤ教神秘主義は神を捉えようとします。感覚で捉えられるようなものとして神が語られるのではなく、隠れた神として、「ありてある者」という抽象的なもの、カバラのような数秘術によって解読されるべきものとして描かれます。

否定神学として語られるものも、神が具体的なイメージで語られることを拒絶します。「ないないづくしの神」として神を描きます。否定神学と神秘主義は近接する思想として捉えられる場合もあります。否定神学の源流とも言える偽ディオニュシオス・アレオパギタ（五世紀頃）の否定神学は、しばしば神秘主義にも位置づけられています。しかしながら、神秘主義は比喩や象徴などを用いても、肯定的な表現を目指します。否定神学と神秘主義を分けて考える道もあります。ここでは、感覚的表現を重視するものとしての神秘主義の系譜を考察したいので、否定神学をどうするかは中心問題とはなりません。

後ほどくわしく考えていきますが、感覚や感情の問題を哲学的に考えたいのは、「表象可能性」の問題を考えたいからなのです。「思惟可能性」が明確な言語化を目指し、知性・理性の制御下で考えられることを意味するとすれば、「表象可能性」は、感覚や感情・情念の次元における対応可能性を表しています。「名づけようもない不安」を思惟することはできませんが、絵画や音楽に表現したり、感情において対応することは可能です。哲学を思惟可能性の次元における営みとして捉えるのが、ギリシア哲学以来の伝統です。一方で、それとは異なる系譜が存在しているのです。表象可能性の外部にありながら、なおも人間が関わらずにはいられない事柄があるとすれば、それへの関係は純粋儀礼の対象、それどころか不在への嘆きとして与えられます。表象可能性の外部にあることも、何らかの関係であるとすれば、どう呼ぶべきでしょうか。「操作可能性」という言葉もありそうですが、やはり表象の外部です。その圏域に「表象なき神」は存在していますし、スピノザの述べる神も思惟や表象の外部にある神なのです。

表象不可能な無限に遠い存在者を、近みに、いや精神の内部に取り込むのが神秘主義と言われるものです。神秘主義の説明は数多く存在しますが、神に対する直接知覚しうる関係、神の実在を直接把握できる体験に基礎を置く宗教現象と考えてよいでしょう。神秘神学は「神に関する経験的認識（cognitio Dei experimentalis）」として語られます。

神秘的なものと経験的なものが結びつくのは、「イギリス経験論」の流れを考えると異様ですが、中世では奇妙なことではありません。神についての生きた経験を通して得られた体験的な認識として定義されているわけで、それは思惟可能性においてよりも、表象可能性において具体的に体験することを意味していたわけです。神秘主義は、表象不可能なものを表象の中に取り込む、換言すれば、表象可能性を与える思想体系なのです。

表象可能性ということになぜ拘るかと言えば、私としては次のような枠組みで考えているからなのです。つまり、世界を見る場合、世界は、事実の位相と価値・規範の位相という二つの位相から構成されていると思います。事実だけでは万物流転で、事物はゴロゴロと流れて摩耗していつの間にか消えていくばかりです。過去／現在／未来の中で未来に向けて人の心を動かし、存在しないものに向かって、その存在しないものを対象（オブジェクト）として創造し、操作可能にし、交換可能にするのが「文明」だと思います。事実の位相と価値・規範の位相の間に、ハビトゥスの位相があって、それが非存在者という制御しにくいものを身体にとって馴染みのあるものに、身体に定着させていると私は考えています。そして、ハビトゥスの位相において定着可能性（馴染みのあること）に密接に関わるのが感情だと思うのです。ハビトゥスを語るためには、ハビトゥスの形成を語るためには、感覚と感情を逸するわけにはいかないのです。飛躍してしまいますが、ハビトゥスの奥義を知るには、アビラのテレサの著作を読んだり、あの有名な法悦せる姿の彫像を見るにしくはないのです。

ライン＝フランドル派（次節で説明します）には、神秘主義にありがちな興奮や熱狂はありませんから、「素面の神秘主義」と呼ばれる場合もあります。抽象的神秘主義の系譜ですが、そこではこの立場では、理性や想像力の眼を用いてはならず、神や自分の存在に属する性質を探求しようとして知性を働かせてはならない、と考えられていました。

この流れはやはりエックハルトに淵源を持っています。エックハルトにしても、ライン＝フランドル派にしても、さまざまなイメージ＝形像を空にすることが求められました。神と一体化するためには、感覚的なものを徹底的に排除することを求めたのです。

ところが、感覚がすべて排されるのではありません。あくまで、肉的な感覚が排されるのであって、霊的感覚の方は重視されます。「内なる火」という表現も用いられます。なぜ「火」が語られるのでしょうか。それは、肉的感覚が感じる激しさが霊的感覚を形容するのに用いられると考えられます。だからこそ、激しい感覚の霊的次元にも、光、熱、愛、抱擁が語られると考えると分かりやすいでしょう。神秘主義では、肉的感覚から離れよと何度も繰り返されます。

禅の世界でも無我の境地が語られます。自分を無にせよ、と。しかし、イメージの排除も簡単なことではありません。膝を曲げることでしたら簡単ですが、膝のイメージを捨てよ、と言われると難しいでしょう。重心が左右のどちらにも偏らないように自転車に乗りなさいと練習している人にアドバイスしても、うまく乗れるようになるのは難しいでしょう。概念を概念のまま使用するのではなく、それを現実に適用するためには概念と感性を媒介する図式が必要であり、しかもその図式が能力（ハビトゥス）として準備形成されなければなりません。

抽象的で非物体的な操作をできるようになるためには、目に見える手順が示される必要があります。具体的な分かりやすい、肉体が習熟でき、ハビトゥスとして定着可能な手順が必要です。これができなければ、いかなる概念も思想も揮発してしまいます。物質性が揮発した概念を享受できるのは天使だけで、人間はハビトゥスの対象として操作できるものしか対象（オブジェクト）にすることはできません。

抽象的神秘主義は、イメージ＝形像を捨てよと語りますが、同時に具体性を忘れません。ライン＝フランドル派の代表的思想家であるルースブルーク（一二九三～一三八一年）は、人間と神との出会いを、「底」のイメージで語ります。そこには明確にエックハルトの影響が見られます。

この能動的な出会い、この愛に燃える抱擁は、神の根底において受動的であり無相である。なぜなら、神の深遠なる無相は、このうえなく暗黒かつ途方もないものであるからである。

（ヤン・ファン・ルースブルーク「霊的婚姻」柴田健策訳、『中世思想原典集成』17）

私としては神を表象可能性にもたらそうとするのが、神秘主義だと考えています。そして、思惟可能性にもたらそうとするのが神学だということです。

近世スペイン神秘主義の系譜

一六世紀のスペインは、スペインという国家が隆盛していた時代でした。時を同じくして、カルメル会にアビラのテレサ（一五一五～一五八二年）、十字架のヨハネ（一五四二～一五九一年）という二人の巨大な神秘家が現れます。中世の神秘主義は、いろいろなフェーズがあるのですが、一四世紀以降は北方ドイツ、フランドル、イングランドという羊毛の産地、毛織物業の都市が神秘主義の生じる場所となります。

一四、一五世紀は低地ドイツからフランドルを通って北海を渡り、イングランド東部からヨークシャーにいたる一連の地域――「神秘主義の道（mystic path）」と言われます――は、羊毛交易路をなし、毛織物が盛んな地域でもありました。そのような毛織物業の盛んな場所のすべてに神秘主義が現れたわけではないのですが、そういった手に仕事を持った独立した女性たちが「ベギン」と言われる人々で、独自の宗教生活を送っていたのです。彼女たちが神秘主義的な傾向を帯びていたところも、「教会なしのキリスト教」ということと結びつきます。

近世スペインの神秘主義は、独自の展開を遂げます。これは、アビラのテレサの卓絶したヴィジョン経験に起源を有しています。その二七歳年下の友人に十字架のヨハネがいるのです。二人とも近世スペインを代表する、圧倒的な影響力を及ぼした神秘主義者ですし、たがいに大きな影響を与え合っていますが、神秘主義としては異なった類型に属しています、しかしそうではありながら、似通ったりする時期もあったり離れたりという関係にありました。

アビラのテレサは具体的な神秘主義の典型に属しています。具体的な体験に根ざし、神との人格的な交流、しかも対面的な交流を表現する神秘主義に属します。かたや、十字架のヨハネは、抽象的神秘主義者として捉えられます。

二人とも、エックハルトに由来するドイツ神秘主義、もっと正確にはライン＝フランドル派と言われる神秘主義に大きな影響を受けています。

エックハルトに発する神秘主義の系譜は、ゾイゼ（一二九五～一三六六年）、タウラー（一三〇〇年頃～一三六一年）、ルーズブルークからなるライン＝フランドル派に熱意を保ったまま継承されます。ライン＝フランドル派は、すべての被造物的な中間的存在を乗り越え、内的生活の概念的・推論的諸形式を超越して、あらゆる表象と知識を無にすることによって、神の本質の純粋さに到達することを求めました。神への自己放棄も強調されることになったのですが、その結果、神との人格的結びつきは排斥されることとなります。これが、抽象的神秘主義の系譜なのです。

アビラのテレサもこの抽象的神秘主義を目指した時期もあったようです。アビラのテレサに影響を与えたフランシスコ・デ・オスナ（一四九二〜一五四〇／四一年）の著書『第三アルファベット』には、「何ひとつ考えないこと（no pensar nada）」を説明して、次のようにあります。

この思考の不在は睡眠状態以上のものなのであり、いかなる方法を用いても説明することができない。なぜなら、それによって到達される神は、あらゆる説明を超越する存在だからである。この「何ひとつ考えないこと」は「すべてを考えること」なのである。というのはそのときわれわれはわれわれの理性を使わずに、その驚くべき崇高さによってすべてである方〔神〕のことを考えるからである。この専心する魂の中の思考の静かな不在は少なくとも、神のみに向けられた単純で精妙な注意である。

（コニェ『キリスト教神秘思想史』3、上智大学中世思想研究所訳）

オスナの著書に示される「何ひとつ考えないこと」に、テレサは自らの目指す念禱《ねんとう》（oración mental 心の中で思いめぐらす祈りのこと、口で唱える祈り＝口禱《こうとう》 oración vocal と対比的に用いられます。アビラのテレサが言い始めた言葉で、現在では主としてカルメル会で使われます）の特徴を見出します。それは、いかなる被造物についての思考も仲立ちさせることなく、神と合一すること目指すものであり、「認識なき愛」とでも呼ぶべきものでした。しかし、このようにあらゆる肉体的イメージと表現を切り捨てた念禱に心惹かれたのは一時期で、キリストの人格的存在との関わりを保ちたいという欲求に戻ります。

テレサは、念禱にも静寂の念禱以外に、合一の念禱を置き、その先に「霊的婚姻」という最終段階を設定します。そして、この霊的婚姻は、恍惚（arrabamiento）、霊の高揚（elevamiento）、霊の飛翔（vuelo）、霊の拉致（arrebatamiento）、脱魂（extrasis）とも呼ばれたりしています。

彼女の脱魂は、時にはベルニーニの手になる彫像として有名な、あまりにも官能的で、天上への飛翔的志向性の図像的表現としては極限にある、あの「貫き」体験も含まれています。この現象は、彼女の身に何回も起こったようですが、特に一五六〇年頃、起こったと考えられています。

私は金の長い矢を手にした天使を見ました。その矢の先に少し火がついていたように思われます。彼は、時々それを私の心臓を通して臓腑にまで刺しこみました、そして矢をぬく時、いっしょに私の臓腑も持ち去ったかのようで、私を神の大いなる愛にすっかり燃え上らせて行きました。痛みは激しくて、先に申しましたあのうめき声を私に発しさせました。しかし、この苦しみのもたらす快さはあまりにも強度なので、霊魂は、もうこの苦しみが終わることも欲《のぞ》まなければ、神以下のもので満足することも欲しません。

（『イエズスの聖テレジアの自叙伝』）

なお、このイエズスの聖テレジアとアビラのテレサは同じ人です。このあまりにも壮絶な法悦の境地は、スペイン神秘主義の極地を示しています。これは十字架のヨハネにも大きな影響を及ぼします。この法悦の境地は、マグダラのマリアの法悦としても描かれます。カラヴァッジオの作品でも知られています。ここで示される官能性こそ、人の心を強烈に引き寄せながらも、守り匿されるべきあり方が示されています。隠微にあることは、本質的なものが消費・蕩尽されないための存在様式なのです。徹底的に隠され守られるべきこと、しかし最も広く知らされるべきこと、この対立と乖離を美的様式の中に収め同時に表現することが、法悦という画題だったと私は思います。

十字架のヨハネの神秘主義

アビラのテレサの神秘主義が、感覚に関する描写を豊富に含んだ具体的神秘主義の典型であるとすると、十字架のヨハネの神秘主義は好対照のものです。二人があれほど親密な関係にありながら、対照的であるのはおもしろいことだと思います。

ここで十字架のヨハネを論じることに少しだけ言い訳をしておきます。この近世神秘主義の系譜は、一七世紀においてフランスにもドイツにも大きな影響を及ぼしています。日本の近世哲学の研究は、デカルトやライプニッツといった合理主義的な光に満ちた哲学の系譜ばかり追い求め、対抗宗教改革の神学も、スペインの神秘主義も見て見ぬふりを続けてきてしまいました。私も、その重要性に気づかぬまま来てしまいました。しかし、エックハルトに由来する神秘主義の流れがスペインにも太く激しく流れ込み、一つの頂を形成している以上、無視するわけにはいきませんし、そしてハビトゥスの問題を扱うにも、感覚・感情の問題を扱ううえでも逸するわけにはいかない重要性に今頃気づいたという次第です。時は遅すぎるのですが、鶴岡賀雄《よしお》『十字架のヨハネの研究』（創文社）という暗夜の先達に出会いました。スペイン語を読むこともできない私の幼い記述であってもどうしてもそこに触れなければならないのです。

さて、十字架のヨハネの記述にも感覚的な描写が山ほどあります。しかし、それはヨハネの実際の経験を表したものか疑問が出てきます。感覚の記述を用いながら、抽象的な事態を描いているようにも読めるのです。ライン＝フランドル派の影響を強く受けていることが指摘されていますが、私も十字架のヨハネにおいては、抽象的神秘主義の系譜の方が強く出ていると思います。

十字架のヨハネについて語る前に、彼が同時代においてどのような扱いを受けていたのかについて少し触れておく必要があります。彼の神秘主義というよりも、神秘主義は当時徹底的に憎まれました。エックハルトも激しく憎まれました。神秘主義はどの時代においても激しく憎まれる運命にありました。先ほどトレルチの指摘に見たように、神秘主義は反教会、反社会的な側面を有し、それが同時代の宗教的権威によって忌み嫌われるのです。カルメル会改革運動の推進者として主流派から憎まれ、一五七七年三七歳の時に拉致され、トレドの修道院に幽閉されます。八ヶ月後、夜窓から抜け出しシーツを伝って、暗闇の中に飛び降りるという命がけの脱出をしました。この際に、十字架のヨハネの著作の最初の破棄が行われました。

十字架のヨハネは、筆が速く、余暇をことごとく執筆に充てていたようで、膨大な著作があったと思われます。ところが残存する著作はほんの数百頁です。膨大な量の文通も行っていましたが、残っているのは三十通の手紙ないしその断片だけです。二度目の破棄は、一五九一年のカルメル会マドリード総会後に生じます。異端審問所に引き渡されることを恐れて、十字架のヨハネの信奉者たちは焼き払うようにとの命を受けて、破棄したのです。生前において二度にわたって徹底的な破棄が行われました。

一五八四年には、大審問官キローガ（Gaspar de Quiroga）によって『禁書目録（Index et catalogus librorum prohibitorum）』が布告されています。そして、この『禁書目録』では、スペイン語で書かれた当時の霊的書物の大部分、ライン＝フランドル派の膨大な著作が禁じられました。エックハルトに由来する近世の神秘主義の流れは異端として弾圧されたのです（コニュ『キリスト教神秘思想史』による）。神秘主義が内省的な宗教とは考えられなかったことの証左と考えられます。

話を戻します。十字架のヨハネの著作には、『暗夜』、『カルメル山登攀』、『愛の生ける炎』、『黙想』などがあります。それらの関係を一つの文にまとめると、〈暗き夜〉を通り、〈カルメル山〉の坂道を攀じ登り、そして〈愛の生ける炎〉によって神と合一する。最後に最も純粋な行為である〈黙想〉の中で憩う、と表すことができます。

十字架のヨハネが、抽象的神秘主義に属するというのは、彼が「夜」の契機をとても重要視するからです。夜とは、無味乾燥（sequedad）で、乾ききった試練の時間なのです。湿った情念は無味乾燥なる夜の闇において浄化されるのです。

感覚から離れることを強調するために、「夜」を十字架のヨハネは語りますが、しかし、その夜を通して達成できる神との出会いは、魂の根底、魂の中心、魂の本体においてなされます。

> こうした接触は魂にとってもことに美味（sabrosos）にしてまことに内密なる快（intimo deleite）であるので、それらの一つでも与えられるなら、一生を通じて被るすべての労苦も贖われてしまう。
>
> （十字架のヨハネ『カルメル山登攀』）

ヨハネ自身、幾度も、これらの体験は「魂にとっていかなるものであるか、一切の言葉を超えている」と述べています。そういう体験が言葉を通して語られ、その言葉を吟味しても、詮方ないとも言えるのですが、語らないものは消えて無くなるしかありません。言葉のむなしさを超えて、伝わろうが伝わなかろうが語るしかありません。

十字架のヨハネにおいて、最も重要な概念に「魂の根底」というものがあります。これは、魂の本体（実体）＝魂の中心などとも同一のもので、とても重要です。とかくすると、魂の中心や根底ということで、私たちは空間的に考えてしまいます。心の在処を、頭脳や心臓や肝や腹に置いたりすることで、イメージしやすくするのです。心や魂は、具体的にイメージ化され、それを制御できるように「図式化」される必要があるのですから、たとえ心や魂が空間的な存在者ではないとしても、場所があるかのごとく設定される必要があったのです。

「魂の根底」としての神

神とはどのような仕方であるのでしょうか。神が自己の内に現れるということは、神秘主義においては、中心的イメージとなります。私が神であるというイメージを受け入れても、問題となるのは、それを具体的な行動や規則に落としていけるのか、ということです。ハビトゥスに入り込まないものは存在しないと等しいからなのです。

神が、「根底、奈落、源泉」として捉えられるというのは、エックハルト以降のドイツ神秘主義の常套的様式でした。「受難、苦しみ、痛み」として与えられるというのもよく語られます。至福や快楽のイメージで与えられる方が、心を引きよせると感じる人もいるのでしょうが、この世界にはそういった無邪気な快楽を好まない人も多数存在します。ディズニーランドやＵＳＪの快楽を好まない人は多数存在しているのです。

神を「無」として捉える人も少なくありません。神を無として捉え、その焦燥と憧憬にこそ神は宿ると考える人もいます。これを言い換えると、神の無こそ神であるという考えになります。還元すれば、神が存在することと神が存在しないことが等価になるようなものこそ、神であると言い換えてもよいかもしれません。

この「底」としての神は、エックハルトに源泉がありますが、エックハルトは異端扱いされましたから、直接普及したのではなく、エックハルトの弟子たちがその教説を広めました。タウラーもその一人です。タウラーの中心概念は「底」なのです。タウラーはライン川沿いのストラスブールで活躍しました。神秘主義者として有名なルースブルークもフランドルの人でした。そしてこのフランドルの地こそ、ホイジンガが『中世の秋』で描く神秘主義的芸術の舞台となったのです。ファン・アイク、メムリンクなど、北方ルネサンスの巨匠たちの画像に立ち上る神秘主義的な気配は図像のみにおいて現れている現象ではなかったのです。

タウラーには「底」という最重要な概念が登場します。そして、これが十字架のヨハネにも継承されます。タウラー研究家である橋本裕明氏は、「底」について次のように説明しています。

この「底」は、外界に向けられた感覚能力の活動や、事物の世界を概念化しながらもなおその世界に捕われる理性の活動次元と並ぶ、内面の第三の次元を表す。これは、人間が神に向けて自己を超越することのできる密かな領域であり、神の創造、維持、赦し、救いの働きはこの人間の最内奥の場所で行われる。タウラーの神秘教育は、信徒をこの「底」に導き、「底」を突破して、神との一致に向かわせるものである。

（『中世思想原典集成』16）

十字架のヨハネが「なんと優しくあなたは傷つけたまう、我が魂の最も深い中心を」（鶴岡賀雄

『十字架のヨハネ研究』二一一頁）と語るとき、決定的なイメージが語られています。ここには、魂の中心、神、痛みという感覚の結びつきが示されているのです。

十字架のヨハネは、中心や根底における神との接触を何度も何度も語ります。「神のみが、魂の根底において、諸感官の助力なしにさまざまなことを行い、魂を動かす」（同前、二一三頁）、「魂の中心は神である。魂はその存在の全能力に従って、またその作用と傾向性の強さに従ってそこ〔神〕へと到達したならば、神における〔神の内なる〕究極にして最深の中心に到達したことになる」（同前、二一五〜二一六頁）。そのとき、神は自己の中心に位置し、自己がなすことは神がなすことであり、神がなすことは自己がなしているわけです。同心円的な行動図式が現れるのです。

魂の中心に神がいて、その神が、私がなしていると思われることを私になさしめていると言い換えることもできるでしょう。「我思う、ゆえに神はある（Ego cogito, ergo Deus est）」という枠組みなのです。

ここにも神中心主義があります。そして、こういった神中心主義は、ルターやマルブランシュ（一六三八〜一七一五年）にも見られ、人間への愛に乏しい、神の栄光のみが目指された神学として批判されたりもします。

十字架のヨハネの sustancia という用語を翻訳する場合において、日本の研究書では「本体」という訳語が用いられています。哲学では「実体」という訳語が用いられます。ギリシア語でウーシアという語を「実体」と訳してよいかについては途方もなく議論がされてきました。「実体」では不適切なのですが、それは百も承知の上で「実体」を用いるのがお約束となっています。「本質」になる場合もあるし、「実有」と訳されもする。しかし、ウーシアとは事物ではないから「体」を入れるのは望ましくありません。ただし、ウーシアとは本当の姿であり、その意味では「本体」もまた「体」を含むという大問題点はあるけれど、そちらの方が分かりやすいと思われます。ここでも、「本体」を標準として用います。

アリストテレスの存在論と異なるのは、本体（実体）が普遍的なものではないということです。概念分析によって見つけられるものではありません。むしろ個別的なものだ。知性的分析によってではなく、情念の吟味によって到達できる領域なのです。情念が識別できるのですから、情念的味覚（gustus affectivus）とも言えるかもしれません。

「魂の本体」が十字架のヨハネにおいてどのように別の語で言い換えられているのかについて、鶴岡賀雄は、次のように述べています

> 「魂の本体」とは、スコラ学において essentia（本質）の同義語としても用いられる substantia（実体）とは理解の方向を異にし、むしろ、魂の諸能力（知性、意志、感覚等）とある意味で並ぶ、魂の或る高次の認識ないし感知能力の座を示す語であることである。すなわち、キリスト教神秘主義の伝統の中で、魂や精神の頂点（akrotes, acumen, apex）、切先（acies, Scherpfe, fine pointe）、火花（scintilla, funken）、シンデレシス（synderesis）、叡智的感覚（sensus intellectualis）、

等とよばれてきた、魂に備わる神の直知能力の存在する場ないしレベルを、魂の本体とここでは言っていると思われる。

（鶴岡賀雄『十字架のヨハネ研究』一一四頁）

この「魂の本体」はさらに『愛の生ける炎』において、「魂の根底」、「魂の最深の中心」、「魂の根底の内密なる本体」などと言われています。感覚的能力や、知性や意志を超えて、さらに内奥にある頂点として図式化されるものなのです。

ふたたび、鶴岡賀雄の記述を援用します。

本体的接触とはつねに、魂の内に大きな効果（efectos）を残すものであった。すなわち、そこではさまざまな神の諸徳が魂に刻まれるのであり、つまり魂はそれによって動かされ、変えられる。魂はその本体からして、ある種の変化、変容、最終的には、「神化」を被るのである。

（同前、一二四頁）

十字架のヨハネと感覚

十字架のヨハネの『愛の生ける炎』においては、霊魂の傷を形容する言葉は、痛み苦しみよりは、甘美さと捉えられています。「こころよい焼灼（cauterio suave）、愛撫のような深傷（regalada llaga）」

などとも言い換えられています。

ここで手荒い表現が登場します。「焼灼（cauterio）」という言葉は、癒やすために焼き鏝《ごて》で、傷口を灼く荒療治の治療法でした。この時期は荒っぽい治療が用いられたのです。痛みと快さの併存をこのように激しく歌うのは、アビラのテレサと十字架のヨハネ、つまりスペイン神秘主義の独擅場なのです。

愛の焼灼によって生じた傷は、傷つけた焼灼が癒やします。これは傷を大きくしながら癒やすと考えられています。傷を大きくすればするほど、いっそう癒やし健康にするというのです。これは、愛が、フィードバックの中でも、出力の甚だしさによって入力の程度を上昇させ、反復昂進していくさまを表している「ポジティブ・フィードバック」であると考えられます。

もちろん、甘美さだけが問題にされているのではありません。霊魂と肉体において、甘美と苦痛は反転して現れるというのです。霊魂の内部における傷による愛の愉悦と力が高度なものであればあるほど、肉体に受けた傷から来る痛みは激しいわけです。一方が増大すればするほど他方もそれにつれ増大します。この描写は、アビラのテレサの法悦と完全に対応しています。

これは無前提・無条件で生じることではありません。ヨハネによると、こういった苦楽の反転した対応関係は、苦しみにおいて魂が浄化されるという状態に到達していればこそ、生じることなのです。この境域においては、いかなる苦しみも愉悦へと変換されてしまいます。だからこそ、甘美さだけが歌われることになるわけです。

霊魂は苦しみの中で浄化（purgación）されます。十字架のヨハネにおいて、「暗夜」や「暗闇」が重視されるのは、光もなく、神も見えない闇の苦しみの中でこそ、罪悪の浄化がなされると考えているからなのです。

そのためにエゼキエルの言葉が用いられます。「鍋を空にして炭火にのせ熱して、青銅が赤くなるまで焼け。汚《けが》れがその中で溶け、錆がなくなるように」（「エゼキエル」二四 - 一一）。火にかければ、鍋には錆が付くようにも見えます。しかし、それを真っ赤になるまで焼けば、汚れも錆びも落ちるというのです。

暗闇という十字架のヨハネにおける決定的なイメージは、感覚が消去され、感覚の砂漠、空漠たる時間に入ることを示しているのではなく、肉体的感覚から霊的感覚へと飛び移れ、ということかもしれません。

霊魂が苦しみの中で浄化されるということは、暗夜（noche oscura）を経て霊魂が朝を迎える過程に準えられています。「愛にもだえ、炎に燃え立ち（con ansias, en amores inflamada）」というように、甘美な仕方に語られていますが、じつは抽象的神秘主義の一つの極点なのであって、甘美さだけが語られているわけではないのです。だからこそ、その同じ事態は、「魂をその最深の中心で傷つける（hieres de mi alma en el más profundo centro）」とも語られています。甘美さとは真逆の体験と言えなくもないようですが、ここには、アビラのテレサと十字架のヨハネを、具体的神秘主義と抽象的神秘主義として対立させてはならない論点が現れているようにも思います。

このように、夜と暗闇こそが、魂の浄化の場であること、苦しみや痛みはひたすら呪われるべきものではなく、至福の存在する境域・本来の領域であることが語られていると思われます。そしてここに、充足可能性の形式・図式を準備することが一番大事なのです。

ハビトゥスは行為として実行されるために準備されますが、ハビトゥスが出来上がってしまえば、具体的な行為に先立って、ほとんど完成し、実現してしまっています。つまり、最後に現れる具体的実現は、ハビトゥスの完遂として完全現実態と考えられ、途中の道筋は常に小さな目的をあらかじめ実現しているのです。未完成のままの行為が、すでに目的を実現してしまっています。アリストテレスは、それを「エネルゲイア」と呼び習わしました。そしてその典型例として「生命」を挙げました。人間はすべての瞬間において生き終えてしまっているのです。それこそ生命の不思議さなのですが、アリストテレスが語りきらなかった論点として、ハビトゥスということがあります。

ハビトゥス形成の途上に現れる小さな目的たちは、それぞれ現実化しなくてもよい大きな目的への捧げ物なのです。おもしろいのは、それが甘いものとして与えられようと、苦いものとして与えられようと、ハビトゥスという充足可能性の形式を準備するのには、機能として等価でありうることです。ハビトゥスにとっては、苦さも甘さも同じ感覚なのです。

苦さを甘さと感じることは、味覚異常ということばかりではなく、苦さも甘さもともに寄与できるハビトゥスからの味わいであると思うのです。涙も笑顔も、人生というハビトゥスから見たら、同じ甘さをもったものかもしれません。

話を戻しましょう。魂の中に霊的感覚の領域と肉体的感覚の領域があるとした場合、両者の領域はどのように区別され、どのように関連するのでしょうか。この問題は、恩寵と自然の関係と言い換えることもできます。ペラギウス論争以来、大問題となってきたことです。

ペラギウス論争とはどういう対立だったのでしょうか。アウグスティヌスは原罪を強調し、自由意志を半ば失い、恩寵なしには救済に与ることはできないと考えました。一方、イギリスの修道士ペラギウス（三五四年頃〜四一八年頃）は、人間はアダムの堕罪以後も悪に対すると同様に、善に対しても自由意志を持っている、したがって人間の救済はその自由意志に基づくものであって、神の恩恵はこのような自由意志を人間に与えた事実にあると考えました。

原罪は遺伝によって伝えられるのではなく、幼児は原罪に染まっていないので、幼児洗礼は必要ないと考えました。大まかに整理すると、ペラギウス派の思想は次のような特徴を持つとされます。(1)アダムは、たとえ罪を犯さなくとも、罪の罰としてではなく、自然本性による必然性から死ぬように創造された。(2)罪は最初の人間から他の人間に遺伝によって伝わるのではなく、人間の模倣によって伝えられる。(3)幼児には原罪はないし、洗礼によって原罪が取り除かれることもない。(4)洗礼は幼児に神の国と永遠の救い、および生命をもたらすものではない。(5)人間は、もし欲しないなら、罪を犯さないですませられる。神は人間にとって不可能なことを、人間に守るように命ずるはずがない。

ともかくも、ペラギウスの思想はアレクサンドリアの哲学的な雰囲気を伝える神学で合理的な色彩を強く持っていますが、正統神学は、そういったギリシア的な匂いのする神学を忌み嫌い、原罪を重視することで、十字架上のイエスの受難を最重要事として意味づける体系を形成していきます。ペラギウス主義は四一八年のカルタゴ会議で異端とされます。そしてアウグスティヌスの教義が正統となり、カトリック神学の中軸を形成するようになっていきます。こうしてペラギウス主義は、中世から近世にかけて排斥されるようになりました。一見合理的に見えながらも、イエスの受難の意味を弱め、キリスト教の基盤を揺るがせると考えられたからです。

ペラギウス主義の問題は、キリスト教にとって重要でありながら、ペラギウス主義が中世において屈曲した歴史を辿ってしまったことで、本来とは真逆の発想をもつものとして捉えられ、得体の知れない思想になってしまいました。その結果、ペラギウス主義の通史を書いた本がほとんど存在しないという途方もない結果になってしまっています。ペラギウス主義の歴史が知られていない、知らされていないということはキリスト教史にとってありえないことなのです。このことは、中世カトリック神学の暗殺者のごとく捉えられている、オッカムの唯名論が真にそのようなものなのか、という問いと同じでしょう。

ペラギウス主義に対抗するように、霊と肉は徹底的に対立し合い、肉を破壊しなければ霊は訪れないという理解もよく出てきました。グノーシス主義がその典型であるように、多くの異端を生んできました。霊と肉が宥和しうる形式しか、この世で認められるはずもありません。

神の恩寵の結果として、肉的領域においても、神が何らかの仕方で現前するということはあると思われます。しかし、その根拠が、魂の自然本性的なあり方の中にあり、それがしかも隠れた仕方であるということはあるのでしょうか。人間の自然本性は原罪に陥ることがなく、そのままの状態で、救済されるのでしょうか。エックハルト以来、神秘主義の系譜の中で語られてきた「魂の根底」という発想は、魂の自然的な基底の中に、神の霊的な現前を認める立場になってしまう傾向がありました。もし自然のままでの神の現前を認めるとすれば、これは頑固として許容しがたいペラギウス主義の本流に属することとなる、いや少なくともそのように「正統」神学者たちは考えました。

ローマ教皇庁が、エックハルト以来のドイツ神秘主義、オッカムの唯名論、ライン＝フランドル派の神秘主義、スペイン神秘主義の中に破壊的な力を感じ取り、恐怖を抱いたのは、彼らにまだその正統的教義の巨塔を破壊するものが何であるのかについての、「正しい感覚」が残っていたからだと思います。理解に先立って、自分たちを破壊するものが近づいたとき、それを「感じる」のは正しい「認識」なのです。感じることも認識なのです。

正統性が論理的な整合性や合理性に置かれてしまえば、たちどころに消えていくしかありません。一見合理的で人間的な営みと見える、営利的経済的行為が、いかに愚劣な思いをなし、そして愚劣さを背後で守る摂理で守られているとしても、それは弱者を貪るための言い訳でしかありません。格差は弁明できず、格差を解消することもできません。その解決不可能な状態を革命によらず、徐々に改善していくしかないというのは逃げ口上であれ、それしか道はないかもしれません。庶民の苦しい生活から目が離せなかったフランシスコに由来する流れの中で、宗教改革に至る流れが出てきても、それは不思議なことではないでしょう。そして、その風向きを知る器官が感覚、裸の感覚だったのかもしれません。

再び、中世において「感じる」ということ

中世哲学において感覚を語るとはどういうことなのでしょうか。スペイン神秘主義において感覚表現は盛んに用いられます。しかも、それは代表的思想家であるアビラのテレサと十字架のヨハネにおいて、異なる位置づけを与えられていました。感覚的表現が、当時の教会から危険視されていたにもかかわらず用いられました。その場合、スペイン神秘主義は感覚をことさら重視したというのではありません。

霊的感覚と肉的感覚の両者が語られ、その両者が交錯し、相互に浸透し合うがゆえに問題が現れています。人間の魂の内に、霊的な次元と自然的な次元は始めから両立しているのか、自然と恩寵は、はじめから両立しているのか、と言い換えてもよいでしょう。霊的な次元や恩寵の次元は神から与えられて、はじめて成立するのでしょうか。アリストテレスが述べた経験的な徳（枢要徳）と、神から与えられる対神徳は、少なくとも萌芽としては両者が自然の内に与えられているのでしょうか、それとも木に竹を接ぐように後から付与されるのでしょうか。こういった問題はいくらでもあったと思います。そして、この交錯と区別は、存在の一義性とアナロギアにおいても現れていまし

た。いや、キリスト論においても現れていたと言えます。

私がいつも考えているのは、以下のことなのです。つまり、ア・プリオリとア・ポステリオリ、内部と外部、肯定と否定といった二項的対立は、命題の次元では真偽のいずれかを定めざるをえない状況のもとで成立している両面であって、現実はいつも形成過程の途上にあり、その第三項を排除するような二項対立は成立していない、ということです。ですから、私の問題意識はハビトゥスに始まり、ハビトゥスに終わると言っても構わないのです。私が言いたいのはいつもその一事でしかないのです。

もちろん、「ハビトゥス」という一つの声だけが哲学史において響いていると私ならば言いたいのですが、それを満漢全席のごとく、多様に書き分けるとすれば工夫も必要でしょう。

だからこそ、二項対立の構図を作り上げていかねばならないこともあります。しかし、この完成途上の道は、否定でも肯定でもないものとして、両義的な存在ということもあります。そこは、井筒俊彦的に言えば、M領域の世界であり、魑《ち》魅《み》魍魎《もうりょう》にあふれる領域です。夜と昼で語れば、黄昏時の中間的なものであるばかりでなく、暗夜でもあります。そのモチーフは、エックハルト以来の神秘主義の系譜の中で守られ、十字架のヨハネにおいて頂点に達しました。しかもその流れはさらにキエティスム（静寂主義）にもつながっているのです。現代にも多くの流れが来たっているのです。

感覚も感情も受動的なものにとどまるわけではありません。人間の精神を引き寄せ、眩惑し、光を失わせるのは、ハビトゥスの坂道を登らせる動機を与えるためです。自己の存在を維持することであれ、他者の存在を産み出すことであれ、それは坂道を登ることです。その過程が魂の傾向力に従うこと、重力に従って自ずと引き寄せられるものとなるためには、坂道の上りを下り坂にするほどの仕掛けが必要となってきます。人間の有する意識とは、いかに誤りやすい装置であるとしても、そういった仕掛けなのではないでしょうか。

★

キリスト教における官能性の表現は、本質的なものなのです。しかしそれは、徹底的な破壊力を持つものとして危険視され、隠されてきました。性に関する事象が現在においても隠され、そしてこれからも隠されつづけなければならないことと似ています。

十字架におけるキリストの受難が、テレサの法悦に直結することは一方では当然なことであると同時に、下り坂を急斜面に変え、致命的な勾配に変えてしまうことも起きてしまいます。

近世スコラ哲学には、「能動作用は基体に属する（Actiones sunt suppositorum）」という格率がありました。本来の意味は、熱い鉄球が冷たいものに触れた場合、熱する作用は能動的基体から移動して、対象である受動者に移っていきます。ですから、熱する作用は作用が完結すると、基体ではなく対象に移動してしまいます。つまり、作用は実在的には基体に属していないが、命名において

(denominative) 基体に属する、と考えられていました。ライプニッツは、実体の本質を作用と捉え、上記のスコラ哲学の格率を換骨奪胎して、内容を反転させて、作用は基体に属するとしました。アリストテレス的な論理学的な実体規定から、物理学に基礎を置いた実体概念への移行ということもその背景にはあります。受動作用（passio）は、太陽に対する月の如く、能動に対する陰の存在であるように捉えられました。

しかし、ここまで見てきたように、中世、特に一三世紀前半においては、感覚、情念はきわめて重要なものと考えられていました。そして、その系譜は、神秘主義を介して近世にも至っています。神秘主義や唯名論を介したルターへの系譜（「バロック・スコラ」の流れ）は、まだこれから書かれなければならないように思われますが、その系譜においては、「感情（受動性）は基体に属する（Passiones sunt suppositorum）」が、格率になってきたように私には思われます。もちろん、こんな格率はスコラ哲学には登場しません。私が作ったものです。私が、この本で書きたかったのは、「受動性は基体に属する」という思想の系譜が哲学史の裏街道として太く流れてきたこと、キリスト教神学の基軸であることを示すことだったのです。

終わりに

「感じる」ことは、この自分に最も身近にあることと思えます。しかし、その「感じる」ということが、時には自分の感じではなくなるように「感じる」時もあります。暑いことも痛いことも苦いことも、「私」のそばにあることなのに、なぜこんなに遠いのでしょうか。

「感じる」ことを疑うことなく生きられるのはよいことです。せいぜいデカルトのように、「方法的懐疑」を通して、自分の身体の存在を疑ってみるときに、この感覚をも同時に疑う程度で止めておいた方がよいのです。「感じる」ことに潜む遠さと近さ、それは「私」ということの、自分への遠さと近さに重なります。

中世哲学において「感じる」ことは中心問題にはなりえないようにも見えます。しかし、「存在とは何か」という問題を考えるときにも、「感じる」ことの不思議さから私は始めたくなってしまうのです。同じことを語ることになりますが、ハビトゥスがなければ感覚は遠いままにとどまります。

ヨハネス・ドゥンス・スコトゥス（一二六五年頃～一三〇八年）という中世の哲学者がいます。スコットランドのツイード川沿いの小さな村（ドゥンス）に生まれた哲学者です。彼は子供の頃その村を離れ、オックスフォードで学び、パリ大学で神学と哲学を講義した後、ケルンの神学校に派遣され、そこで四二歳ほどの短い人生を閉じました。彼はフランシスコ会の神学体系を構築する役割を与えられ、パリ大学とオックスフォード大学を何度か往復しながら、三〇代の時に、独自の思想を築きました。あまりにも短い生涯でした。その死因は知られていませんが、彼の三〇代における神学への過度の専心によって生じたことだと私は思っています。

彼の思想は、存在の一義性や「このもの性」という思想によって知られてきました。特に「このもの性」という概念は、聖フランシスコの小さいものへの眼差しを具体化する概念でした。聖フランシスコは、貧しい人々の救済に心を砕きましたが、その眼差しは魚や小鳥にも及び、雲や水や空といった自然物にも向けられました。聖フランシスコが作った「太陽の歌」は、森羅万象を包括する全被造物の讃歌になっています。私が心打たれるのは、「死」をも人間の敵と見なすのではなく、姉妹として呼びかけていることです。

近世になると、往生術＝死の作法（Ars moriendi）の本がたくさん現れますが、その本には、悪魔の惑わしに負けて、教会の教えを疑ったり、救われないのではと疑ったり、財産が惜しくなったりしてはいけない、無様に死にたくないと思ってもいけない、そして死ぬときは苦しいけれど我慢しなさい、などという心構えが書いてあります。「死に方マニュアル」、「死ぬ人取扱説明書」のようです。そういう効率的な死への準備とはまったく違って、聖フランシスコは、肉体の死を「姉妹」と呼びかけます。とてもとても大きな違いがあります。

こういった優しい眼差しを引き継いだのが、ドゥンス・スコトゥスの「このもの性」という思想です。その思想に惹かれ、カトリックに入信した詩人もいるほどです。ジェラード・マンリ・ホプキンス（一八四四～一八八九年）というイギリスの詩人です。ホプキンスは、ドゥンス・スコトゥスを慕って、オックスフォードに足を運び、スコトゥスが生きていた場所に存在できていることに感動し、詩を残しています。

私も、スコットランドの彼が生まれた村を訪れ、彼が見た景色をこの目に収められて感動せずにはいられませんでした。彼が遊んだかもしれないツイード川のほとりにも赴きました。スコトゥスが「このもの性」を語る場合に登場する「石（lapis）」が河原の小石ではなかったのか確かめてみたかったのです。日本の河原と同じような小石がたくさんありました。予想通り何も確かめられませんでした。そして、スコットランドの風に吹かれ、川と空を見つめながら、存在とは概念として捉えられるべきなのか、「感じ」られるものなのか、漠然と考えていました。

辺境に育った思想家スコトゥスも、小さいものへの眼差しを大事にする聖フランシスコの教えを踏まえて、「存在の一義性」を作ったはずです。しかし、それは哲学史研究の中で存在の砂漠を表す思想であるかのように受け止められたこともありました。存在という概念の意味は、神と被造物に同じである、という主張ですから。砂漠・砂漠・砂漠……。砂漠なのでしょうか？

二〇世紀の実存主義は、存在を熱く語りました。時を同じくして、存在忘却や存在の砂漠という概念も語られました。スコトゥスは一義性を語るとき「存在は同じ意味である」という平板なことを語っているように見えます。しかしそれでは、存在の意味は足早に逃げてしまうように思えます。

ドゥルーズは、存在の一義性を根本から解釈し直します。その思想は、放牧と牧畜の民のように、中央アジアの草原の中を駆け巡りながら、国境をどこまでも乗り越え、〈存在〉という一つの声を繰り返し、語りつづける思想だというのです。西洋哲学においては、存在という一つの声しか響いていない、それが「一義性」だと捉え直し、西洋哲学史の流れまで塗り替えてしまいました。とても大きな見直しでした。それでも私には分かりません。なぜ〈存在〉を繰り返しながら語らなければならないのか。同じ意味であるというのがどういうことなのかも。

ドゥンス・スコトゥスは、難解かつ煩瑣な思想を語る神学者と見なされてきました。だから「精妙博士（Doctor Subtilis）」とも呼ばれました。実際にテキストを読んでも難解です。深い湖のように、底を眺めても暗闇ばかり広がっています。

しかし、スコトゥスが生まれた村を訪れ、あたりの草原を見渡すと、寂れた荒野が広がっていました。いかに時代や場所が変わっても、人間から離れた自然の中には自然の姿が現れていることを感じたのです。私たちの歯が痛むとき、中世人も同じように痛みを感じていたはずです。痛みはクオリアだから、それは独自で追体験できないという人がいます。同じ痛みとは言いません。同じような痛みでよいのです。

痛みとは〈肉〉の同質性のことなのです。イエスが人間の姿をまとい、受肉したのも同じことです。受肉したが故に、イエスは人間と同じ、いや人間としての痛みと苦しみを感じました。しかもあの十字架上で。この苦しみを追体験してしまったのが、聖フランシスコやアビラのテレサでした。世界という一つの、同じ〈肉〉という地平の上で、数多くの痛みが、多様な場所で励起しているのです。世界というのは〈肉〉の同質性を表していないのでしょうか。そして、そのことと存在一義性は重ならないのでしょうか。

存在の一義性を語るためには、アリストテレスのカテゴリーやら、トマス・アクィナスのアナロギア論やら、知性による神の自然的認識やら、準備に手間取り、準備が揃った頃には時間切れになることが普通です。だから、ざっくり一言で言えば、存在の一義性は、〈肉〉の同質性のことなのです。概念として細部や姿においてずれていますが、向いている方向は同じはずです。概念が弓矢であれば、同じ的を目指しています。

私がこの本で示したかったのは、感覚という方向（sensus）の向く先なのです。感覚は現在の刺激を測るもので、それは快楽や苦痛を目盛にしています。目盛が示す強度は、道路標識のごときものなのです。東京に向かう人が、東京行きの標識に向かって衝突したら、風車に挑みかかる騎士と同じように、人に笑われますが、私たちは同じことをしていないのでしょうか。この〈私〉ということも感覚（sensus）だと私は思います。〈私〉とは未来の何を指し示すものなのでしょう。

感覚は現在を測る器官ですが、経験において繰り返され、記憶や身体図式の中にとどまるものとなり、未来を組み込む能力になったときにハビトゥスが生まれます。「実体」という閉じた枠組みを飛び出し、未来をあらかじめ取り込みながら、関係性を基礎にしようというのが一四世紀に現れた流れだと思っています。

一四世紀のスコットランドの風は、偏西風に乗って日本にも届いているのかもしれません。風はどこにでも吹きます。水も光も空気も同じように届いているのかもしれません。この同じ地球にいるのですから。そして、あの一四世紀を今ここで感じること、それがこの本の途方もない、愚かで、小さな願いなのです。

★

この本の方向（sensus）は西洋中世の感覚の話なのですが、いろいろ道草を食って、話が屈曲しているかと思います。急げとせかされるときの道草はいっそうおいしいのでさらに遅れがちです。「ゆっくり急げ（Festina lente!）」とばかり、道草をご相伴してくれる人がいてこそ、歩き始める気力が湧いてくるものです。

この本の編集を担当してもらった慶應義塾大学出版会の村上文さんには、私が道草を食べ飽きるまでつきあっていただき、絶妙に急がせてくれました。スコラ哲学という道草はとてもおいしいのです。村上さんは、「ゆっくり急げ」とハビトゥスを起動させる遠隔操作の達人です。おかげさまでまた別の本のアイデアが湧いてきました。いつもありがとうございます。

二〇一六年三月

山内志朗

初出一覧

それぞれの章の初出は以下の通りですが、それぞれ大幅に書き直しました。

第一章　書き下ろし
第二章「情趣と味わい」（栗原隆編『世界の感覚と生の気分』ナカニシヤ出版、二〇一二年）所収
第三章「飲むスコラ哲学——蜜の流れる博士とワインの中世」（『談』六一号、一九九九年）所収
第四章「酩酊の形而上学」（『談』別冊「酒」、二〇〇六年）所収
第五章「〈覚えること〉と〈創造すること〉」（栗原隆・濱口哲編『大学における共通知のありか』東北大学出版会、二〇〇五年）所収
第六章「至福直観と享受——西洋中世における享受の問題」（栗原隆編『共感と感応』東北大学出版会、二〇一一年）所収
第七章　書き下ろし

参考文献

アビラの聖女テレサ『霊魂の城』鈴木宣明監修、高橋テレサ訳、聖母文庫、二〇〇〇年
アブー・ヌワース『アラブ飲酒詩選』塙治夫編訳、岩波文庫、一九八八年
アーレント、ハンナ『精神の生活』（上下）佐藤和夫訳、岩波書店、一九九四年
アンスコム、G・F・M『インテンション』菅豊彦訳、産業図書、一九八四年
イエズスの聖テレジア『イエズスの聖テレジアの自叙伝』女子跣足カルメル会東京三位一体修道院訳、中央出版社、

一九六〇年
井筒俊彦『意識と本質』岩波文庫、一九九一年
ヴェルドン、ジャン『快楽の中世史』池上俊一監修、吉田春美訳、原書房、一九九七年
エリクソン、キャロリー『中世びとの万華鏡――ヨーロッパ中世の心象世界』（原題：The Medieval Vision）武内信一・多ヶ谷有子・石黒太郎訳、新評論、二〇〇四年
大野晋編『古典基礎語辞典』角川学芸出版、二〇一一年
オットー、ルードルフ『聖なるもの』久松英二訳、岩波文庫、二〇一〇年
オマル・ハイヤーム『ルバイヤート』小川亮作訳、岩波文庫、一九七九年
カイヨワ、ロジェ『人間と聖なるもの』（改訳版）塚原史他訳、せりか書房、一九九四年
金子晴勇『アウグスティヌスの恩恵論』知泉書館、二〇〇六年
金子晴勇『近代自由思想の源流――近代自由意志学説の研究』創文社、一九八七年
金子晴勇『ルターの知的遺産』知泉書館、二〇一三年
カントーロヴィチ、E・H『王の二つの身体』（上下）小林公訳、ちくま学芸文庫、二〇〇三年
木村直司編『ドイツ神秘思想』（中世思想原典集成16）平凡社、二〇〇一年
コニュ、ルイ『キリスト教神秘思想史3：近代の霊性』上智大学中世思想研究所訳、平凡社、一九九八年
小山宙丸編『中世末期の神秘思想』（中世思想原典集成17）平凡社、一九九二年
坂部恵『〈ふるまい〉の詩学』岩波書店、一九九七年
坂部恵『坂部恵集』（全五巻）岩波書店、二〇〇六～〇七年
坂部恵『モデルニテ・バロック――現代精神史序説』哲学書房、二〇〇五年
坂部恵『ヨーロッパ精神史入門――カロリング・ルネサンスの残光』岩波書店、一九九七年
十字架の聖ヨハネ『愛の生ける炎』ペドロ・アルペ、井上郁二訳、山口女子カルメル会改訳、ドン・ボスコ社、一九

八五年
十字架の聖ヨハネ『カルメル山登攀』（改訂版）奥村一郎訳、ドン・ボスコ社、二〇一二年
セルーヤ、アンリ『神秘主義』深谷哲訳、文庫クセジュ、一九七五年
鶴岡賀雄『十字架のヨハネ研究』創文社、二〇〇〇年
テレンバッハ、H『味と雰囲気』宮本忠雄・上田宣子訳、みすず書房、一九八〇年
トマス・ア・ケンピス『キリストにならいて』大沢章・呉茂一訳、岩波文庫、一九六〇年
冨原眞弓編『女性の神秘家』（中世思想原典集成15）平凡社、二〇〇二年
トレルチ『トレルチ著作集』第七巻「キリスト教と社会思想」住谷一彦・佐藤敏夫他訳、ヨルダン社、一九八一年
芳賀矢一・杉谷代水編『作文講話及び文範』（明治四五年刊）講談社学術文庫、一九九三年
ハーフィズ『ハーフィズ詩集』黒柳恒男訳、平凡社東洋文庫、一九七六年
深井智朗・大角欣矢『憶えよ、汝死すべきを』日本キリスト教団出版局、二〇〇九年
ホール、E・T『かくれた次元』日高敏隆・佐藤信行訳、みすず書房、一九七〇年
松浦純『十字架と薔薇――知られざるルター』岩波書店、一九九四年
矢内義顕編『修道院神学』（中世思想原典集成10）平凡社、一九九七年
柳田国男『木綿以前の事』岩波文庫、一九七九年
山内志朗「創作としての翻訳」（加藤尚武・坂部恵他編「現代哲学の冒険」第五巻『翻訳』岩波書店、一九九〇年所収）
山内志朗『〈つまずき〉のなかの哲学』NHKブックス、二〇〇七年
山内志朗『天使の記号学』岩波書店、二〇〇一年
山内志朗『普遍論争――近代の源流としての』（改訂増補版）平凡社ライブラリー、二〇〇八年
マリー、ルシアン編『十字架の聖ヨハネ詩集』西宮カルメル会訳註、新世社、二〇〇三年

Augustinus, *De doctrina christiana,* Corpus Christianorum, Series Latina, 32, Turnhout, 1962.（アウグスティヌス『キリスト教の教え』加藤武訳、教文館、一九八八年）

Coolman, Boyd Talor, *Knowing God by Experience: The Spiritual Senses in the Theology of William of Auxerre,* Washington D.C. USA, Catholic University of America, 2004.

Days, S., *Intuitive Cognition: A Key to the significance of the later scholastics,* St. Bonaventure, The Franciscan Institute, 1947.

Dedek, John, "Quasi Experimentalis Cognitio: A Historical Approache to the Meaning of ST. Thomas", *Theological Studies,* 22 (1961), pp.357-90.

Duns Scotus, Johannis, *Opera Omnia*, ed. L. Wadding, 12 vols, Lyons 1639 (reprint Hildesheim 1968).

Duns Scotus, Johannis, *Opera Omnia*, Studio et cura commissionis Scotisticae ad fidem codicum edita, Vatican City, 1950-.

Duns Scotus, John, *Duns Scotus on the Will and Morality,* selected & translated by A. B. Wolter, Catholic University of America: Washington D.C., 1986.[=Wolter86]

Mehrabian, Albert, *Silent Messages : Implicit Communication of Emotions and Attitudes,* 2nd ed. California: Wadsworth Pub. Co., 1981.（A・マレービアン『非言語コミュニケーション』西田司・津田幸男・岡村輝人・山口常夫訳、聖文社、一九八六年）

Oberman, Heiko A., *The Harvest of Medieval Theology,* Harvard UP, 1963.

著者
山内志朗　Shiro Yamauchi
1957年生まれ。慶應義塾大学文学部教授。東京大学大学院博士課程単位取得退学。新潟大学人文学部教授を経て現在に至る。著書に、『普遍論争――近代の源流としての』（平凡社ライブラリー）、『天使の記号学』（岩波書店）、『「誤読」の哲学――ドゥルーズ、フーコーから中世哲学へ』（青土社）、『小さな倫理学入門』（慶應義塾大学三田哲学会）など多数。

感じるスコラ哲学
――存在と神を味わった中世

2016年5月30日　初版第1刷発行

著　者――――山内志朗
発行者――――古屋正博
発行所――――慶應義塾大学出版会株式会社
〒108-8346　東京都港区三田2-19-30
TEL〔編集部〕03-3451-0931
〔営業部〕03-3451-3584〈ご注文〉
〔　〃　〕03-3451-6926
FAX〔営業部〕03-3451-3122
振替　00190-8-155497
http://www.keio-up.co.jp/
装　丁――――岡部正裕（voids）
印刷・製本――中央精版印刷株式会社
カバー印刷――株式会社太平印刷社

Printed in Japan ISBN978-4-7664-2319-8

慶應義塾大学出版会

慶應義塾大学三田哲学会叢書　ars incognita

小さな倫理学入門

山内志朗 著

愛とは何か、正義とは何か、欲望とは何か、偶然性とは何か、人生に意味はあるのか、そして〈私〉とは何か。身近な物事を通して、人間の弱さや卑しさに眼差しをむける、倫理学の入門書。

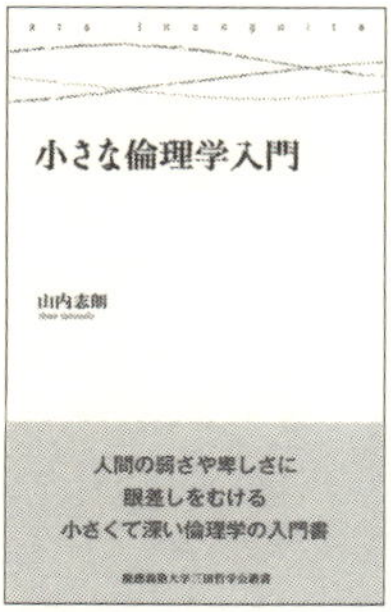

新書判／並製／104頁
ISBN 978-4-7664-2276-4
◎700円　2015年10月刊行

◆主要目次◆